COW-BOY
dans l'âme

Musée de la civilisation
Coordination
Marie-Charlotte De Koninck

Recherche iconographique
Anouk Gingras
Collaboration : Charlotte Giguère, conservatrice

Rédaction des vignettes
Anouk Gingras et Marie-Charlotte De Koninck

Chargés de projet de l'exposition
Dany Brown, Sylvie Thivierge

Éditions de l'Homme
Conception graphique
Josée Amyotte

Traitement des images
Mélanie Sabourin

Révision et correction des textes
Céline Bouchard

Note : Tous les efforts ont été consentis afin de retrouver les titulaires des droits d'auteur des œuvres illustrées dans cet ouvrage. Le Musée de la civilisation de Québec reste cependant disposé à évaluer les rectifications qui lui seront soumises.

Par ailleurs, les images utilisées dans cet ouvrage qui ne sont pas accompagnées de légendes explicatives sont tirées du domaine public.

DISTRIBUTEUR EXCLUSIF :

• Pour le Canada :
MESSAGERIES ADP*
955, rue Amherst
Montréal, Québec
H2L 3K4
Tél. : (514) 523-1182
Télécopieur : (514) 939-0406
* Filiale de Sogides ltée
http://www.edhomme.com

Le Musée de la civilisation est subventionné par le ministère de la Culture et des Communications du Québec.

La réalisation du présent ouvrage a grandement bénéficié des travaux de divers spécialistes, consultés dans le cours de la préparation de l'exposition *Cow-boy dans l'âme*. Nous tenons à leur exprimer nos remerciements.

Madeleine Béland, ethnologue, chanson populaire, Québec
Renald Bérubé, littérature, Université du Québec à Rimouski
Paul Bleton, littérature, Télé-université, Montréal
Valérie Rousseau, histoire de l'art, Société des arts indisciplinés, Montréal
Micheline Simard, littérature, Québec

Culture et Communications Québec

Commission de la Capitale Nationale Québec

galaxie — Le réseau de musique continue

Données de catalogage avant publication (Canada)

Arcand, Bernard
Cow-boy dans l'âme : sur la piste du western et du country

Catalogue d'une exposition tenue au Musée de la civilisation de Québec en 2002

1. Country (Musique) - Expositions. 2. Country (Musique) - Québec (Province) - Expositions. 3. Country (Musique) - Ouvrages illustrés. I. Bouchard, Serge. II. Titre.

ML3524.A72 2002 781.642'074'714471 C2002-940394-4

Dépôt légal : 2e trimestre 2002
Bibliothèque nationale du Québec

ISBN 2-7619-1705-7

Gouvernement du Québec – Programme de crédit d'impôt pour l'édition de livres – Gestion SODEC.

L'Éditeur bénéficie du soutien de la Société de développement des entreprises culturelles du Québec pour son programme d'édition.

Nous remercions le Conseil des Arts du Canada de l'aide accordée à notre programme de publication.

Nous reconnaissons l'aide financière du gouvernement du Canada par l'entremise du Programme d'aide au développement de l'industrie de l'édition (PADIÉ) pour nos activités d'édition.

BERNARD ARCAND et SERGE BOUCHARD

COW-BOY dans l'âme

Sur la piste du **western** et du **country**

LES ÉDITIONS DE L'HOMME

Avant-propos

Cow-boy dans l'âme porte un regard inédit sur un phénomène de culture populaire des plus connus. Loin de contester l'importance du phénomène, les auteurs font au contraire la démonstration de son universalité. L'Est n'a pas été conquis par l'attrait du mythe western. C'est ce dernier qui représente une expression nouvelle et moderne d'un archétype établi. L'Ouest du mythe western a conquis l'univers médiatique, il a su le faire fort de ses racines qui remontent au vieux continent européen alors qu'on y rêvait d'espaces inexplorés. Il y a toujours un Ouest de quelque part. Il porte à la fois le désir de renouveau et le besoin de solitude.

En commentant le scénario western dans des termes pour le moins savoureux, les auteurs de *Cow-boy dans l'âme* nous font revivre la lutte qui se livre au plus profond de tout être humain, celle du combat entre le Bien et le Mal. Et quand ils prêtent l'oreille à la musique country, ils se portent à la défense de sa simplicité et de son désir d'authenticité.

Les jeux de rôles, la panoplie d'images et d'accessoires, et les sonorités adoptées par les pratiques western et country expriment des rêves universels tantôt de façon dramatique, tantôt avec humour ou simplicité. Une partie de ces rêves rejoint ceux des premiers aventuriers de l'Amérique et de la Nouvelle-France qui ont bravé l'inconnu et se sont enfoncés dans leurs forêts denses et leurs plaines infinies, toujours en quête d'un monde meilleur, d'un monde de richesses ou de nouveaux défis.

L'imaginaire western et la musique country ont trouvé écho dans la culture québécoise. Les exégètes du country québécois s'entendent pour dire qu'il apparaît dans la province de Québec dans les années quarante. Fils de la musique traditionnelle canadienne-française, il diverge et manifeste sa fascination pour la culture continentale. Texte et tonalité musicale s'en ressentent. De Willie Lamothe aux Cow-boys fringants, en une soixantaine d'années, le country québécois a évolué en empruntant des sentiers surprenants ; les rassemblements populaires des festivals de musique et des rodéos se sont multipliés, et de grands artistes renommés, femmes et hommes, chantent à l'occasion du country, l'ennoblissant de ce fait. La danse en ligne se popularise et des bars western ouvrent en ville.

Les pratiques western et country occupent au Québec une place qui a longtemps été négligée et tenue à l'écart de toute réflexion sérieuse. Devant leur omniprésence et un engouement populaire certain, l'équipe du Musée de la civilisation a décidé de relever le défi d'explorer ce côté méconnu, sinon souvent méprisé, de notre culture populaire et de lui accorder une place de choix dans sa programmation.

Et si, loin de voir dans cette expression culturelle bien continentale un danger d'aliénation, on y voyait une quête de dépassement ! C'est la conclusion à laquelle nous mène le projet *Cow-boy dans l'âme,* dans son exposition et dans son livre.

Claire Simard
Directrice générale
Musée de la civilisation
du Québec
Le 24 janvier 2002

La grande chevauchée du Festival western de St-Tite

Cet événement est considéré comme le plus grand défilé à traction animale au Canada. Il rassemble des centaines de milliers de personnes. Il fait aussi place aux cavaliers et cavalières.

PHOTO : JOSHUA RADU

INTRODUCTION

Histoire vraie et images fausses

Une famille d'immigrants, seconde moitié du XIXe siècle

La détermination se lit sur le visage de ce couple posant avec ses enfants devant le chariot transportant ses biens. La route est longue et exigeante. Quand une famille arrive à destination, le chariot fait alors office de demeure jusqu'à ce qu'elle puisse se construire une maison digne de ce nom.

KANSAS STATE HISTORICAL SOCIETY • PHOTOGRAPHE ANONYME

Jouet, 1964

PLASTIQUE • 16 CM X 12 CM • LOUIS MARX & CO • PRÊT DE JEAN-FRANÇOIS BERGERON • PHOTO: JACQUES LESSARD

Les légendes accompagnant les illustrations de cet ouvrage ont été rédigées par Anouk Gingras et Marie-Charlotte De Koninck.

L'éternité de l'Ouest

Serge BOUCHARD

L'Ouest a une histoire. Ce grand mythe aux mille versions s'est alimenté à une authentique réalité qui a grandement touché les imaginations. Quelque chose s'est passé, qui a fait impression, et cette chose a frappé dans le mille. C'est une question de perspective. Une vraie question de perspective : nous sommes toujours à l'est de quelque part, à l'est d'un quelconque paradis.

Pensons d'abord à l'Europe, en particulier à l'Europe de l'Ouest. Car si l'aventure a une résonance universelle, elle a tout de même un centre d'origine. À partir d'un point connu, il s'agissait de faire le tour du monde, le tour final de l'univers humain. Toutes les sociétés et toutes les civilisations se sont posé la question de l'au-delà géographique. Pendant des millénaires, arrivé au bout du monde connu, l'humain s'est interrogé. Que se passe-t-il au-delà de ces montagnes, au bout de ces plaines, de l'autre côté de cette mer intérieure, au delta de ce fleuve ? Combien de fois et dans combien de têtes se sont reproduites ces méditations ? C'est d'abord l'empereur Hadrien qui fixe l'horizon aux confins du limes. Puis ce sont tous ces anonymes qui se hasardaient aux limites extrêmes des terres reconnues. Mais ce sont aussi Eriksson, Magellan et les autres, autant de navigateurs fous qui abordaient des côtes nouvelles.

Cela s'appelait des voyages. C'est un fait de la modernité que nous ne voyageons plus. De nos jours, tous les explorateurs sont faux, tous les cow-boys sont faussement solitaires et, chaque fois qu'ils prétendent s'en aller, ils s'éloignent artificiellement de leur foyer. Car un horizon mystérieux, cela n'existe plus. Les voyages d'autrefois, d'hier encore, étaient de véritables explorations pour qui les entreprenait. Il n'y avait pas de cartes. L'homme n'avait pas l'image de la planète Terre dans sa tête et les photos satellites n'avaient pas dévoilé en détail les crevasses, les grottes, les rues et les ruisseaux des coins les plus isolés du Kazakhstan ou du Bas-Yukon. La Chine a aussi connu son Far West, fabuleuse terre au-delà de l'imaginable. Cela menait à la Grèce, à Rome, hors de la loi chinoise. Les Arabes furent de grands voyageurs, dans toutes les directions. Toutes les sociétés ont connu l'inconnu.

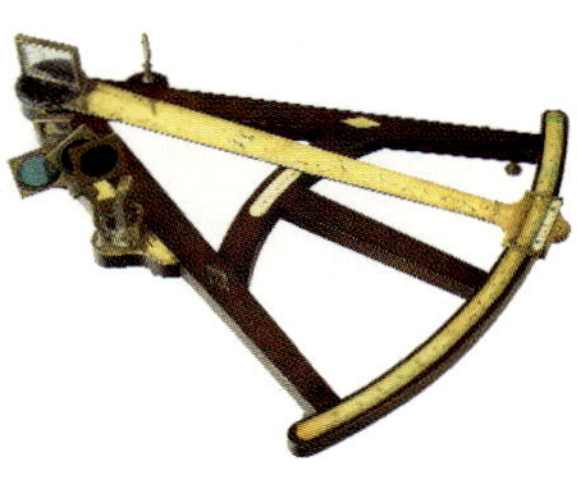

Pour les uns comme pour les autres, ce grand inconnu a existé jusque vers 1950. Après, c'était fini. La grande mobilité humaine qui se nourrissait de nouveaux horizons depuis la nuit des temps allait se figer dans une vision englobante du monde. Les cow-boys, les colons et l'ensemble des aventuriers des deux Amériques furent les derniers humains à s'attaquer ordinairement à la tranche ultime du grand mystère géographique. À l'ouest du Mississippi se trouvait une *terra incognita* idéale, représentante de toutes les « *terra incognita* » qui se mouraient au même moment, de la Patagonie à l'Arctique.

Claude Lévi-Strauss commence son célèbre *Tristes Tropiques* en déclarant qu'il déteste les voyages et les explorateurs. Mais en vérité, Lévi-Strauss écrit son immense tristesse devant ce qu'on pourrait appeler la fin du monde ancien, la fin du monde tout court. Dans les années trente, la planète était reconnue, la lumière n'était déjà plus la même. Le soleil se couchait sur l'imaginaire, sur la multiplicité des mystères qui se cachaient dans les milliers d'univers disséminés dans l'espace terrestre, au nord, à l'est, à l'ouest et au sud. Oui, chaque point cardinal avait son histoire fantastique. Mais tout arrivait à terme, tout se finissait. Le colonialisme prenait le relais des situations ; les barbiers, les arpenteurs, les spéculateurs et les affairistes envahissaient le monde. L'ailleurs se clarifiait.

Non, il n'y a plus de place pour les cow-boys et toutes les histoires de cow-boys sont des histoires de crépuscules. L'histoire de l'Ouest se situe donc à la fin précise du monde ancien, sorte de tragédie magnifiée par l'échéance historique. Le train, le télégraphe, les automobiles, les camions et les avions viendront confirmer le destin. Il n'y a plus moyen de voyager vraiment depuis que les voyages sont si fréquents. N'importe qui débarque n'importe où sans problème, sans payer d'autre prix que celui du passage. Le mythe western marque la fin de l'histoire, la fin d'une longue histoire supposée n'avoir jamais de fin. Cela a frappé les imaginations et, depuis ce temps, nous en jasons beaucoup dans les chaumières.

L'Ouest premier, bien sûr, c'est l'Europe. Pour les Romains, l'Ouest mystérieux et les histoires de frontières fantastiques furent l'Ibérie des Ibères, le vaste monde des Celtes, celui des Angles de l'Angleterre, des Gaulois et des Germains, les terres et les pays des Frisons, des Saxons et des Pictes. Mais l'histoire n'allait pas s'arrêter là. Le grand océan de l'Ouest – la mer des Ténèbres des Arabes, rebaptisée l'océan des Atlantes pour faire un peu plus Grec, le terrible Atlantique – devait être traversé un jour ou l'autre, et il le fut. Mais les premiers Américains étaient venus à pied, en sens inverse, en provenance de l'Asie, de quelque part en Mongolie, et ils ont foulé le sol d'un Nouveau Monde en se dirigeant vers l'est. Mais le monde occidental, lui, ne pouvait le faire que par l'ouest, des milliers d'années plus tard.

La mondialisation s'amorce en 1492. Bien avant, les Norses avaient touché l'Amérique, les Irlandais aussi, peut-être cinq cents ans plus tôt. Mais ne parle-t-on pas aussi de navigations africaines plus anciennes encore, sans parler des traversées phéniciennes ? Tout est possible. Mais avant 1492, justement, la suture des mondes ne se fait pas. Ce sont des touches, et non des attaches. L'histoire occidentale de l'Ouest américain commence en octobre 1492, sur le sable blanc d'une plage d'une petite île des Bahamas que nous croyons être l'île Watling, aujourd'hui l'île de San Salvador. Là, les Taïnos pointeront en direction de l'ouest quand ils comprendront que Colomb cherche un empire, des richesses, de l'or. Oui, l'ouest de l'Occident, c'était la Chine, la grande Asie ; l'ouest de l'Occident, c'était l'Extrême-Orient abordé à l'envers.

Le malentendu allait se dissiper au fil des ans. À force de naviguer, de marcher et d'explorer, il a bien fallu admettre que l'Amérique n'était pas l'empire de Chine. Mais l'attitude est restée la même. Le Nouveau Monde était un immense trésor, une terre qui regorgeait d'or. L'Eldorado se cachait à l'ouest, quelque part à l'ouest, toujours plus loin. Cette quête rendra les hommes fous. Les cow-boys les plus violents, les plus méchants, les plus voleurs aussi, les desperados de la première heure américaine seront les tristement célèbres conquistadores. Cortés, Pizarro, Ponce de León et de Soto furent tous des hors-la-loi à cheval, galopant à l'aveugle sur des terres inconnues, à la recherche d'or à prendre. Ils avaient carte blanche pour rougir du sang des autres la carte des pays nouveaux. Tout était frontière en ces temps-là. Il suffisait de faire un pas en avant pour faire un pas dans l'inconnu. La convoitise a dû atteindre des sommets que nous pourrions difficilement imaginer de nos jours. C'était l'époque des premiers morts pour une poignée de dollars, des premiers massacres pour quelques dollars de plus. Mais en vérité, ils firent de grosses fortunes. Le premier siècle des Espagnols en Amérique, de 1500 à 1600, fut ainsi la scène du premier grand western américain.

Puis, d'autres vinrent à l'aventure. Français, Anglais et Hollandais allaient se disputer les richesses de la fourrure. Oui, en cherchant de l'or, des diamants, des routes nouvelles pour atteindre la Chine, des royaumes et des passages secrets entre l'Atlantique et le Pacifique, ils furent pris au piège des fortunes du castor, des fourrures de luxe et des peaux. Il y eut donc une autre époque très western entre 1600 et 1700, elle se passa autour des Grands Lacs et à la tête du Mississippi. Les Espagnols par le sud et les Français par le nord se hasardèrent sur ce long fleuve qui coupe l'Amérique du Nord en deux et qui tracera la frontière entre l'Est et l'Ouest de l'Amérique du Nord. Le fleuve fut cruel à tous. La Salle y laissa sa vie, de Soto aussi, et combien d'autres que l'histoire, déjà, commençait à ne plus retenir.

Pierre-Esprit Radisson disait s'être abouché avec les Sioux. Il fut l'ancêtre de tous les cow-boys modernes. Il avait rencontré les Winnebagos dans la région du Wisconsin. À la baie Verte et à Chicago, Radisson se trouvait aux portes des plaines de l'Ouest. L'aventurier des aventuriers n'appartenait plus au monde de l'ordre et de la loi. Il avait été Iroquois et avait vécu comme les Anishinabes, il était obsédé de fortune comme un Français et travaillera pour les Anglais. Il passera sa vie à coucher dehors et n'importe où, sa tête mise à prix, pour finalement mourir de vieillesse à Londres, pauvre, comme de raison. Car les héros western sont des perdants. De 1660 jusqu'en 1890, les émules de Radisson furent ces hommes libres de l'Ouest, ces montagnards, trappeurs et voyageurs, Métis de bout en bout, Canadiens de l'Ouest américain. Leur histoire ne fut pas vraiment retenue mais, du Mississippi au Pacifique, dans les déserts du Sud-Ouest, dans la grande prairie et jusque dans l'immense Nord-Ouest, ils ouvrirent les territoires à tous ceux qui allaient suivre. Les Toussaint Charbonneau et Gabriel Dumont, les Beaudry et Pelletier, autant de types particuliers qui firent les premiers rêves de liberté dans les contrées nouvelles. Trop près des Indiens, ils les suivirent dans l'oubli.

Vinrent les Américains. Avant 1850, l'histoire des États-Unis d'Amérique s'écrit à l'est du Mississippi. Quand les Américains le traversent en masse pour faire véritablement ce qui s'appellera la conquête de l'Ouest, ce sera pour de l'or et pour des terres fertiles, source d'une incroyable migration humaine. Mais les Américains ne pénètrent pas dans un territoire absolument inconnu. Les commerçants de fourrures et les coureurs de bois, de montagnes et de plaines les avaient précédés depuis longtemps. En Californie et dans les déserts du Sud, les Espagnols sévissaient depuis des lunes. Dans les grandes prairies et les Rocheuses, les Métis franco-sioux ou franco-cris étaient chez eux depuis au moins le début du siècle.

De 1840 à 1890, soit sur un demi-siècle à peine, les faits surviennent, qui nourriront le mythe et la légende western. Comme nous le

***Free Trappers*, Charles M. Russell, 1911**

Ce tableau est considéré comme l'une des plus belles œuvres de l'art de l'Ouest américain. Il évoque la vie d'un trappeur à l'époque de la conquête de l'Ouest. Charles M. Russell est un des grands noms de l'art western du tournant du xxe siècle.

HUILE SUR TOILE, DÉTAIL • 61 X 83,5 CM • MACKAY COLLECTION • MONTANA HISTORICAL SOCIETY, HELENA, N° X52.03.02 • PHOTO : D. O'LOONEY

CM Russell
1911

Old Fort Laramie, William Henry Jackson, 1937

William Henry Jackson nous livre ici sa représentation du Fort Laramie, bâti en 1834 par William Sublette et Robert Campbell, dans le Wyoming, sur le bord de la rivière North Platte. Premier poste de traite de la région, il devint un lieu d'arrêt important pour les pionniers empruntant la piste de l'Oregon. Le fort Laramie est aussi le lieu où a été signé le premier grand traité avec les Sioux, traité fameux dit « de Laramie », qui devait assurer la paix sur la piste Bozeman. Le fort tenait son nom d'un certain La Ramée, un autre de ces trappeurs canadiens qui vivaient dans l'ouest avant que l'ouest ne devienne américain.

AQUARELLE • SCOTTS BLUFF NATIONAL MONUMENT, Nº SCBL 162

Gabriel Dumont, vers 1880

Gabriel Dumont est né près de Batoche, en Saskatchewan, en 1837. Fils d'un chasseur métis et petit-fils d'un voyageur canadien-français, il connaît la grande liberté des prairies dans son enfance. Chasseur et canoteur, il devient un guide sans pareil. Au cours du soulèvement de 1885, dans son combat pour les droits des Métis aux côtés de Louis Riel, il se distingue comme un chef militaire d'une exceptionnelle habileté.

RIVIÈRE-ROUGE, ALBERTA • GLENBOW ARCHIVES, CALGARY, ALBERTA

verrons, le mythe sera très loin de la réalité. Car la conquête de l'Ouest par les Américains n'est qu'un épisode éphémère, très éphémère, dans ce qui fut pendant des siècles un long processus d'appropriation des terres au détriment des premiers occupants.

Les chercheurs d'or, les colons, les militaires et les géographes de l'État empruntèrent des chemins déjà tracés, déjà connus. Ils s'installèrent dans des pays déjà occupés. Chaque route, d'ailleurs, eut son histoire. Il y eut de multiples projets et combien d'aventures dont chacune pourrait prétendre représenter la quintessence de la légende qui allait suivre. Chacun avait sa logique : Fort Laramie sur la piste Bozeman, la piste de Santa Fe, le grand Texas et la frontière mexicaine, la route de l'Oregon, les terres du Wyoming et cette vaste plaine, au nord, qui se perdait vers le sauvage subarctique.

En un mot, la conquête de l'Ouest américain par les Américains eux-mêmes fut réalisée sur une période finalement très courte, une période qui en suivait bien d'autres, plus longues et plus riches peut-être, sous l'angle de la profondeur historique. Mais la conquête américaine était en elle-même aussi massive que définitive. Le choc de la métamorphose provoquera une onde très puissante dans l'imagination des hommes. Tous les ingrédients étaient réunis pour fonder un mythe, le fabuleux mythe du Far West, avec ses décors, ses personnages, ses histoires et ses légendes.

Brève histoire de la transformation de la misère en mythe, en passant par le reportage, la fiction, la caricature et la marchandise

Bernard ARCAND

Dans le bureau ovale de la Maison Blanche, là où sont prises des décisions cruciales qui touchent l'humanité entière, le président Ronald Reagan avait placé une œuvre fort populaire du peintre et sculpteur Frederic Remington représentant un cow-boy en train de mater un cheval sauvage. En son temps, ce même Remington, grand patriote et passionné de l'Ouest américain, s'inquiétait de l'entrée massive de nouveaux immigrants à New York et n'hésitait pas à exprimer assez crûment son opinion : « Italiens, Indiens, Chinois, Huns et autres Juifs, c'est la lie de l'enfer. J'ai une Winchester et quand le massacre commencera, j'y prendrai part[1]. » Aucun président moderne n'oserait énoncer ouvertement une telle position mais, pour Reagan, la chose importait peu, car il ne voyait aucun lien entre la sculpture qu'il aimait et la xénophobie du sculpteur. Pour lui comme pour des millions d'autres personnes dans le monde, il n'y a pas nécessairement de relation directe entre le mythe et la réalité.

Le western et le country sont devenus des références culturelles familières. Theodore Roosevelt a combattu contre l'Espagne à Cuba à la tête d'un groupe de *Rough Riders* dont le nom était tiré d'un spectacle de la troupe de Buffalo Bill. Un autre président, George Bush, plaçait dans ses discours des phrases empruntées aux personnages interprétés par Clint Eastwood. Après lui, Bill Clinton n'hésitait pas à se couvrir d'un chapeau de cow-boy et à chausser des bottes en peau de lézard. Et voilà que Bush le second, George W., décrit ses adversaires comme des hors-la-loi. Il offre une prime pour leur capture et affirme qu'il les veut « morts ou vifs », tout en les menaçant d'un lynchage rapide mais justifié, dit-il, parce que nous sommes engagés dans un combat du Bien contre le Mal. Chaque fois, le leader du plus puissant pays du monde fait appel à l'imagerie commode du western, ce qui le rend du coup populaire et ce qui suffit parfois à innocenter les bombardements de pays étrangers qui n'ont pourtant aucun lien de parenté avec l'Ouest américain.

***The Mountain Man*, Frederic Remington, s.d.**

Remington, peintre et sculpteur emblématique de la conquête de l'Ouest, n'a représenté que très peu de pionniers ou de fermiers dans son œuvre. Ses héros sont plutôt ces hommes qui n'ont pas de famille et qui se déplacent dans la solitude des grands paysages de l'Ouest. L'œuvre de Remington comporte 22 bronzes (qui ont engendré des centaines de répliques) et environ 2 700 tableaux.

BRONZE • 75,6 X 52,3 CM • GLENBOW MUSEUM, CALGARY, ALBERTA • PHOTO : GLENBOW MUSEUM

1. Cité par Philippe Jacquin dans *Le cow-boy. Un Américain entre le mythe et l'histoire*, Paris, Albin Michel, 1992, p. 208.

THE MOUNTAIN MAN
BY FREDERIC REMINGTON

Carte de l'adjonction progressive des divers États au territoire et à l'union constitutionnelle des États-Unis de l'Amérique du Nord, 1825

Au moment où cette carte fut dressée, l'union américaine était constituée de 24 États, d'un seul district (Columbia) et de 6 territoires (Michigan, Nord-Ouest, Missouri, Oregon, Floride, Arkansas). En 1820, la population américaine était d'environ neuf millions et demi d'habitants.

GRAVURE DE J.A. BUCHON, PARIS • 37,4 X 63,5 CM • MUSÉE DE LA CIVILISATION, BIBLIOTHÈQUE DU SÉMINAIRE DE QUÉBEC (FONDS ANCIEN), Nº K-27, ATLAS 118, Nº 8 • PHOTO : JACQUES LESSARD

Mais les pionniers de l'Ouest n'ont jamais porté de jeans serrés ni fumé de cigarettes Marlboro. Et ils ne chantaient pas de chansons country. Les duels à coups de pistolets dans la rue principale ont été inventés par Hollywood qui les trouvait magnifiques sur grand écran. La remarquable invraisemblance de la culture western et country vient justement de cet écart considérable entre les conditions de vie réelles, difficiles et souvent misérables des pionniers qui ont envahi l'Ouest américain et les puissantes images modernes de cette culture. Le chemin entre la réalité, la fiction, le mythe et la marchandise était long mais il a été parcouru à toute vitesse.

Au début, les nouvelles de la Frontière racontaient la marche vers l'ouest et l'expansion d'un pays en devenir. Celle-ci appartenait donc de plein droit au domaine des informations nationales. Les Américains, qui habitaient principalement l'est du continent, appréciaient être informés de ce qui se passait sur le front de l'Ouest. Ainsi les journalistes furent les premiers à rédiger des récits sur la Frontière et ses habitants. L'avancée dans ce nouveau territoire avait l'allure d'une conquête nationale et les guerres contre les Indiens fournissaient le genre d'« événements » sensationnels qui méritent publication. Puis, comme les journalistes ont forcément tendance à s'intéresser à la nouvelle qui sort de l'ordinaire, leurs reportages sur la Frontière ont rapidement pris la couleur de l'épopée décrivant les aventures de personnages plus grands que nature placés dans une Nature qui, elle, dépasse l'entendement. Déjà la presse de l'époque aimait les sensations fortes. Alors que la plupart des cow-boys consacraient leurs journées de travail à surveiller les vaches et à calmer leur panique durant les orages, les journaux de l'Est popularisaient des narrations de leurs luttes courageuses contre des Indiens hostiles ou des hors-la-loi sans pitié.

Aidés par l'alphabétisation croissante de la population et l'invention de papiers moins coûteux et de presses rotatives à vapeur, les auteurs de romans à dix sous (les *dime novels*) prirent la relève. Leurs premiers récits d'aventures de valeureux cow-boys ne faisaient que transposer vers l'Ouest les péripéties familières des coureurs de bois des Appalaches : ces nouveaux romanciers du western étaient les héritiers de James Fenimore Cooper et leurs premiers héros étaient les fils de Daniel Boone et de Davy Crockett, c'est-à-dire des individualistes débrouillards plus ou moins honnêtes, un peu rudes et plutôt taciturnes, mais tenaces. La formule était simple, il suffisait de remplacer le canot et le vieux fusil par un cheval et un pistolet ou une carabine. Les textes étaient courts et les récits largement répétitifs et prévisibles. Les auteurs étaient rémunérés au mot et ces petits romans faciles étaient distribués par dizaines et parfois

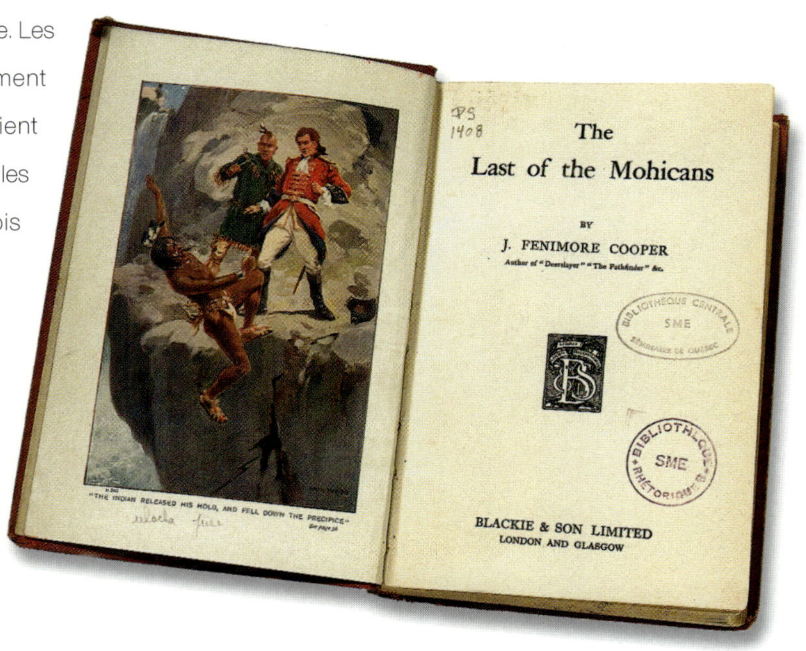

***The Indian Released his Hold and Fell Down the Precipice*, s.d.**

James Fenimore Cooper est le pionnier du roman aux États-Unis. Son œuvre met en scène l'Amérique des temps héroïques. Au moment où s'écrit l'histoire de la Frontière, Cooper a déjà la nostalgie d'un monde qui disparaît. *Le Dernier des Mohicans* est publié en anglais pour la première fois en 1826.

ŒUVRE TIRÉE DE J.F. COOPER, *THE LAST OF THE MOHICANS*, LONDON AND GLASGOW, BLACKIE & SON LIMITED, S.D. • MUSÉE DE LA CIVILISATION, BIBLIOTHÈQUE DU SÉMINAIRE DE QUÉBEC (FONDS ANCIEN), Nº 600.6 • PHOTO : JACQUES LESSARD même par centaines de milliers d'exemplaires et, de 1860 jusqu'à la Seconde Guerre mondiale, les éditeurs de cette littérature très populaire ont fait des affaires d'or.

Par la suite, l'Ouest a été transformé en spectacle. Dans un mélange assez original de théâtre et de cirque, qui allait plus tard donner naissance au rodéo, on offrait aux habitants des villes l'occasion de voir l'Ouest sous sa forme la plus spectaculaire : poursuite d'affreux Peaux-Rouges, dressage de broncos, démonstration de jeux de lasso, maîtrise du bétail, compétition de tir au pistolet ou de lancer de couteaux. Des cow-boys changeaient de métier en quittant leur rôle de gardiens de troupeaux pour devenir artistes dans l'industrie du divertissement. Et à l'époque, on pouvait même y rencontrer, en chair et en os, William Frederick Cody, le célèbre Buffalo Bill, grand massacreur de bisons, ainsi que son « ennemi » traditionnel, le chef Sitting Bull, le dernier grand chef des Sioux.

Quelques années plus tard, dès sa naissance en fait, l'industrie du cinéma semble avoir compris que le western se révélerait un partenaire idéal. La photographie avait fourni les premières images de l'Ouest et le public, qui suivait l'actualité criminelle, était déjà familier des luttes pour faire régner l'ordre et la justice à la Frontière. Le cinéma muet avait besoin de mélodrames simples impliquant des personnages aussi repérables et compréhensibles que ceux de la *commedia dell'arte*. Or, l'Ouest offrait un décor unique où situer la rencontre d'un Méchant et d'un Bon, une fille à sauver, une poursuite à cheval excitante et une fusillade émouvante. Et tout cela dans les limites requises par le cinéma débutant qui devait résumer l'action en quinze minutes. Le genre connut un succès immédiat et quand, en 1910, parut le premier long métrage (d'une durée d'une heure), il avait pour titre *The Life of Buffalo Bill*.

Bien sûr, l'Ouest authentique avait été coupé au montage. Au moment où le cinéma prend son essor, au début du XXe siècle, le monde des cow-boys est en train de se transformer en souvenir nostalgique. Il n'y a plus de terres à conquérir, le rail est en place et les trains du Union Pacific transportent biens et personnes. Le Texas va bientôt passer à la production pétrolière. La Frontière est désormais policée et l'on entre dans l'ère de l'agriculture à grande échelle. Au moment où sont créés les premiers parcs nationaux, qui font de la Nature un spectacle, les touristes commencent à visiter l'Ouest pour s'y refaire une santé à l'air pur ou pour le plaisir de visiter ce monde fascinant qu'ils ont connu par

***Sitting Bull et Buffalo Bill,* William Notman, 1885**

Cette photo a été prise à Montréal lors d'une visite du *Wild West Show* de Buffalo Bill. Le chef lakota (sioux) Sitting Bull, célèbre pour son courage notamment lors de la bataille de Little Bighorn, a par la suite tenu son propre rôle au sein de la reconstitution de cet événement mis en scène pour le spectacle.

MUSÉE MCCORD D'HISTOIRE CANADIENNE, ARCHIVES PHOTOGRAPHIQUES NOTMAN, MONTRÉAL, No II-83123 • PHOTO : WM. NOTMAN & SON

le roman. Dès 1881, au Dakota, un premier *dude ranch* accueille les touristes (les *dudes*) qui viennent « jouer au cow-boy ». La conquête de l'Ouest est terminée et c'est alors qu'intervient l'imaginaire.

Le cinéma et la télévision allaient devenir les arts de masse dominants dans une société qui dispose de plus en plus de temps de loisir et d'argent pour consommer librement. Empruntant à tous les arts et à toutes les traditions populaires, le cinéma allait façonner son propre mythe de l'Ouest et, du coup, créer un genre, une mode et beaucoup de marchandises qui allaient se répandre dans toutes les parties du monde touchées par le cinéma américain, autrement dit, partout. Le cinéma n'a pas pour mission d'enseigner l'histoire mais de capter l'attention, de divertir, d'émouvoir et de fasciner. À l'âge d'or du western (en gros, de 1940 à 1970), le cow-boy comme héros mythique créa lui-même ses propres héros : John Wayne, Burt Lancaster, Gary Cooper, Clint Eastwood et bien d'autres véritables stars qui ont progressivement attiré sur leur personne une bonne partie du mythe, au point de se transformer en véritables icônes culturelles. Ainsi, peu à peu, un « film western » changea de nom pour devenir un « film de John Wayne ».

Bar country à Osaka, Japon, 2001

PHOTO : FRANÇOIS TREMBLAY

Le cinéma a fabriqué des images à faire rêver qui se sont par la suite transformées tout naturellement en parcs d'attractions où les touristes urbains tirent à la carabine sur des vautours électroniques, se font photographier dans le saloon ou achètent une coiffe emplumée pour les enfants. Leur plaisir et leur joie sont authentiques, sans doute, mais la vérité des amateurs de westerns a ici totalement remplacé la réalité historique de la vie des pionniers de l'Ouest. Dans un tel contexte, on peut inventer n'importe quoi et tout se permettre, on peut fabriquer des héros et des vilains qui traduisent nos stéréotypes familiers, prétendre que les Dalton étaient amusants ou même faire de Billy the Kid, brute sanguinaire, une réplique sympathique du célèbre Robin des Bois.

L'image du cow-boy a réussi à traverser tous les modes, depuis le roman à dix sous et les BD bon marché jusqu'aux jeux vidéo les plus chers. Parfois, les mêmes personnages se retrouvent à la radio, dans un album de bandes dessinées, dans une série télévisée et au cinéma. Certains événements, par exemple la bataille de Little Bighorn, ont été traités par tous les médias. Puis, les temps changent. De nos jours, le cow-boy peut très bien être urbain, femme, Noir, astronaute ou extraterrestre. L'Indien devient respectable, et même admirable ; il est dorénavant rusé et sage, il communique avec la Nature. Mais le cow-boy reste omniprésent. Aujourd'hui, on le rencontre couramment aussi bien à la télévision italienne que dans certains bars japonais, dans la publicité australienne, dans l'habit de chanteurs country de Hong-Kong ou dans le décor des danseuses du Crazy Horse, à Paris. Il s'agit sans doute de l'un des plus grands succès publicitaires du XXᵉ siècle, une invasion planétaire qui n'a peut-être de comparable que la popularité de Coke, des Beatles et de Microsoft.

Mensonge et mauvais goût

Zane Grey, auteur prolifique de cinquante-neuf romans western à succès, était d'abord joueur de base-ball et, plus tard, dentiste. Broncho Billy Anderson, grande vedette des films western du cinéma muet, ne savait ni monter à cheval ni se servir d'une arme à feu. C'est Buffalo Bill qui inventa en 1882 le célèbre costume à frange du cow-boy pour ses spectacles dans les villes américaines. Annie Oakley, tireuse d'élite, faisait ses prouesses en compagnie de Buffalo Bill au Madison Square Garden, au centre de New York. Des chanteurs country ont réussi de brillantes carrières malgré leur phobie maladive des chevaux. John Stetson, originaire du New Jersey, lança son célèbre chapeau à Philadelphie. Sam Colt était armurier dans le Connecticut. Les meilleurs lassos étaient fabriqués à Plymouth, dans le Massachusetts. Les 9ᵉ championnats mondiaux de danse country, qui réunissaient des concurrents de dix-neuf pays à Edmonton en janvier 2001, ont couronné Claude Valade, de Longueuil au Québec, champion amateur mondial de danse en ligne. Leonard Slye, né en Ohio en 1912, loin de l'Ouest américain, voulait (lui aussi) devenir dentiste mais dut plutôt

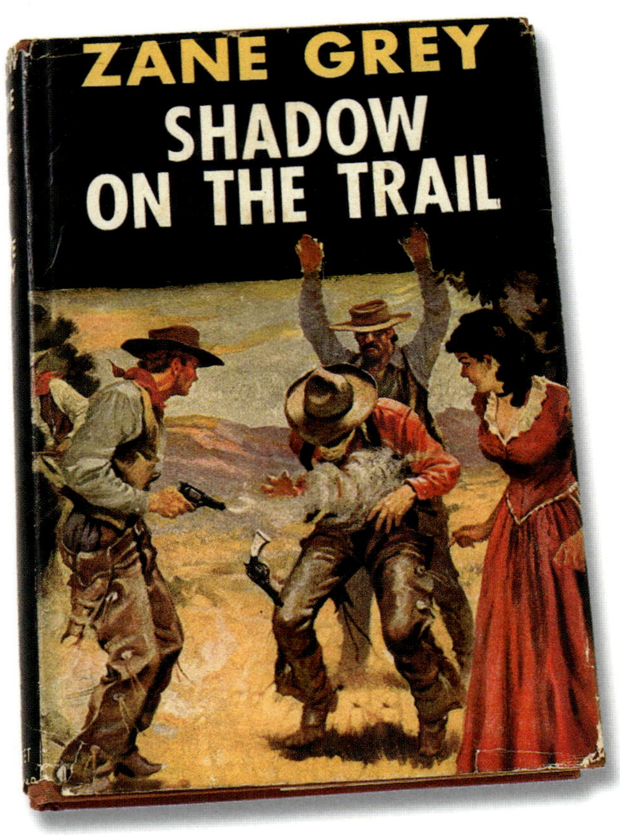

***Shadow on the Trail*, 1946**

Zane Grey grandit avec les héros de James Fenimore Cooper et les romans à dix sous. Il entame une carrière de dentiste à New York, mais un voyage dans l'Ouest change le cours des choses. Ses écrits renforceront l'image du héros solitaire impliqué dans des situations difficiles, adroit au pistolet et aux poings, romantique et fidèle au « code de l'Ouest » – une loi supérieure qui place le héros au-dessus des institutions corrompues.

GROSSET & DUNLAP PUBLISHERS, NEW YORK, 1946 • MUSÉE DE LA CIVILISATION • PHOTO : JACQUES LESSARD

Claude Valade et Rachel Lair, 2001

Claude Valade et sa partenaire dansant le *west coast swing* au championnat canadien où ils sont également arrivés en première position. Ce gestionnaire en tourisme a de qui tenir... ses parents étaient tous deux professeurs de danse sociale. Ce qui l'a attiré vers la danse country est le « laisser-aller » qui permet au champion de danser en jeans et en bottes de cow-boy lors des pratiques...

CHAMPIONNAT CANADIEN DE DANSE COUNTRY, VICTORIAVILLE, MAI 2001

se trouver un emploi dans une manufacture de chaussures. Il avait cependant un certain talent pour la chanson et c'est en chantant qu'il se transforma en Roy Rogers, le cow-boy impeccablement vêtu montant son magnifique cheval Trigger et accompagné de la douce Dale Evans. Ce même Roy Rogers était un anticommuniste fanatique et grand admirateur du FBI et de son directeur J.E. Hoover.

Le cinéma et la télévision nous ont également présenté les personnages tout aussi artificiels et synthétiques que Hopalong Cassidy, The Lone Ranger et son fidèle Tonto, Gene Autry et son cheval Champion, des cow-boys de plus en plus gentils et paternalistes, de mieux en mieux habillés, qui boivent de moins en moins et chantent de plus en plus. Leur évolution est égale à la métamorphose du solide cheval de travail en précieux pur-sang. De nos jours, les vrais cow-boys tuent le temps en regardant à la télévision les films de faux cow-boys. Et il est probable qu'ils regardent des westerns mondialement reconnus, ceux qui portent le surnom de « spaghetti » et qui ont été tournés en Espagne par un réalisateur italien qui faisait confiance, entre autres, à un grand acteur allemand et à la musique de son pays. Des films plus irréels que jamais mais qui servent désormais de modèle du genre.

***Il était une fois dans l'Ouest*, 1969**

Cette trame sonore est celle de l'un des films western les plus acclamés du public. Elle contribue grandement à l'atmosphère de tension qui règne tout au long de ce film réalisé par Sergio Leone. La musique est signée Ennio Morricone.

MICROSILLON • GALA, RCA LIMITÉE • MUSÉE DE LA CIVILISATION • PHOTO : JACQUES LESSARD

GALA
STÉRÉO
Bande originale du film PARAMOUNT
TAIT UNE FOIS DANS L'OUEST
BANDE ORIGINALE DU FILM
SERIE DES VEDETTES
L'attentato - La posada - L'homme à
Une fois dans l'Ouest - Com'è una sentenza - Addio a Cheyenne - L'America di Jill - L'ultimo rantolo - Finale
onica - In una stanza con poca luce - L'orchestraccia - L'uomo
Musique composée et dirigée par
ENNIO MORRICONE

La musique country est née dans le Tennessee, très loin de l'Ouest américain. Et ce qu'on connaît de la véritable musique des cow-boys du XIXe siècle porte à croire qu'elle n'a aucunement influencé ce que l'on appelle aujourd'hui la musique country, qui représente, tout comme les personnages du cinéma western, un amalgame plus ou moins ordonné de multiples traditions musicales. D'ailleurs, même les meilleurs experts semblent ne plus savoir s'y retrouver. Ils se donnent beaucoup de mal à essayer de saisir les distinctions désormais trop subtiles entre les genres car la musique country moderne subit l'influence directe du folk, du blues, du hillbilly, du grassroot et du rock'n'roll, sans parler du folklore irlandais, de la guitare hawaïenne et du yodle tyrolien. Sous l'étiquette country, on classera des artistes aussi divers que Chet Atkins, Elvis Presley, Johnny Cash, Willie Nelson, Emmylou Harris, Carl Perkins et même Bob Dylan. La véritable Mecque du country est Nashville, au Tennessee, à des milliers de kilomètres du Colorado, de l'Arizona et du Wyoming. Gilbert Bécaud et Annie Cordy, Renée Martel et Patrick Norman ont chanté, à Paris et à Montréal, des airs country. De nos jours, un concert de musique country (par exemple, celui de Garth Brooks) peut sans problème accueillir un musicien noir jouant du blues, comme si les cow-boys avaient abandonné leur méfiance raciste traditionnelle et soudain décidé que les musiciens à peau noire étaient devenus présentables.

Car il faut dire que le western est né, au début du XXe siècle, dans un climat idéologique qui prônait ouvertement la suprématie blanche. Les auteurs des premiers romans épiques sur l'Ouest étaient aussi des apôtres du Ku Klux Klan et, dans leur vision glorieuse de l'Ouest, il n'y avait ni Noirs ni étrangers. Les Mexicains étaient tous fourbes et les Indiens, sauvages. Les héros ne pouvaient être que des anglo-saxons, des visages pâles. Les spectacles de Buffalo Bill, très populaires en Europe comme aux États-Unis, faisaient ouvertement l'éloge de « l'extermination de la racaille indienne » ; d'ailleurs, toute la pensée politique des États-Unis était à l'époque marquée par le stéréotype de l'infériorité de la race indienne qu'il fallait détruire. Cinquante ans plus tard, les convictions politiques associées au western restaient proches de la droite : John Wayne appuyait sans réserve la guerre des États-Unis contre le Viêt-nam et Ronald Reagan était un comédien qui n'a jamais vraiment cherché à s'évader de ses rôles de cow-boy.

Hank Snow, Chet Atkins et Patrick Norman, 1974

Trois grands noms de la musique country réunis : Hank Snow, un Canadien établi à Nashville pour être ensuite reconnu sur la scène internationale, Chet Atkins, un guitariste hors pair qui a contribué à créer le *Nashville sound* dans les années cinquante et soixante, et Patrick Norman, qui ne nécessite plus de présentations. Patrick Norman s'est fait connaître par son registre de chansons country (notamment « Quand on est en amour », parue en 1984 et traduite en anglais) et ses nombreux Félix remportés au fil des ans au gala de l'ADISQ. Il a vendu plus d'un million de disques au cours de sa carrière, du jamais vu dans l'industrie country au Québec.

NASHVILLE DJ CONVENTION • COLLECTION DE PATRICK NORMAN

Alors, comment se fait-il que, partout au monde, des intellectuels de gauche et des politiciens sociaux-démocrates soient à ce point fascinés par cet univers parfaitement faux et politiquement inquiétant ? Comment Leonard Cohen, poète et moine bouddhiste dont les œuvres sont appréciées par les critiques les plus éveillés de la société moderne, peut-il persister à se définir comme, avant tout, un chanteur country ?

Par surcroît, on sait que le genre est méprisé et décrié sur tous les toits. Les gens à qui notre société confie le rôle d'identifier le beau et l'agréable soutiennent que l'amour du country représente en quelque sorte la définition même du parfait mauvais goût. C'est le kitsch absolu, le monde des coupes de cheveux ridicules et des gonflements de poitrines grotesques, l'univers des franges et des paillettes, des voix nasillardes, de la musique simpliste et des ballades infantiles racontant des historiettes banales. En un mot, le country témoigne de la vulgarité des

masses et fournit l'exemple par excellence de la sophistication zéro. Qu'on pense à ces Texans au volant d'énormes Cadillac auxquelles ils ont fait greffer des cornes de taureau. Qu'on revoie aussi ces abrutis de *red necks* qui ne se promènent jamais en camionnette Dodge sans avoir à portée de la main leur fusil de calibre 12. À cela il faut ajouter ces chansons mièvres qui font l'éloge de l'amour sincère et du respect de Dieu et des parents. La culture country, sous le regard de la culture officielle, c'est le contraste significatif et révélateur entre la grosse selle western et l'élégante selle anglaise.

Pourtant, des entreprises modernes et tout à fait respectables organisent pour leur personnel des fêtes sous le thème du country. Au football, il y a les « Cowboys » de Dallas et les « Redskins » de Washington, et de l'autre côté de la frontière, deux équipes canadiennes ont pris le nom de « Rough Riders ». On connaît des habitants de l'Europe profonde qui aiment porter, en guise de cravate, deux fils parallèles joints par une tête d'aigle en métal. Il y a aussi ceux qui chaussent des bottes pointues avec motifs faussement amérindiens. Il y a des festivals western à Saint-Agrève, en Ardèche, et à Saint-Tite, en Mauricie. Il y a un village country à Chaudfontaine, en Belgique, et une section western à Legoland, au Danemark. Tous ces lieux sont des reproductions locales fidèles des mêmes mensonges et mauvais goût américain. Alors comment peut-on, à Florence comme à Copenhague, être aussi naïvement fasciné par le western ? Pourquoi un enfant croate peut-il souhaiter recevoir à Noël un habit de cow-boy avec un six-coups à pétard ? Pourquoi encourager nos enfants à lire les aventures de Lucky Luke ou de « Tintin en Amérique » ?

Les chapitres qui suivent chercheront réponse à ces questions, sans se surprendre du fait que la culture populaire puisse être mal aimée et néanmoins très populaire ! Le western appartient à l'univers des mauvais films qui connaissent beaucoup de succès, sans pour autant recevoir de prix. Le country ressemble à ces romans que la critique ne remarque jamais malgré le fait qu'ils soient vendus dans tous les dépôts. La musique country reste une musique marginalisée et ouvertement méprisée par les réseaux officiels qui ne la diffusent pratiquement pas, ce qui ne l'empêche aucunement, année après année, d'atteindre des chiffres de ventes impressionnants.

Miroir à cornes d'animaux fait à la main, s.d.

MONTANA • HAUTEUR : 81,3 CM X LARGEUR : 104,1 CM X PROFONDEUR : 25,4 CM • WESTERN HERITAGE CENTER, Nº 85.18

Participants au Festival western de St-Tite, 2001

La ville de Saint-Tite (4 000 habitants) accueille jusqu'à 400 000 visiteurs pendant les 10 jours du festival. Plusieurs d'entre eux passent toute la durée du festival sur le site, campant pour l'occasion dans des roulottes installées à même les champs situés autour de la ville.

PHOTO : JEAN VACHON

S'il est vrai que dans le western tout est faux et de fabrication artificielle, et que tout y est vulgaire, comment expliquer que la popularité planétaire du modèle n'est pas simplement le fait de l'expansion de la culture américaine ? La population mondiale est-elle composée d'ignorants naïfs et d'imbéciles heureux qui n'apprécient que les idées faciles et la pensée simpliste ? Ou est-ce plutôt un nouvel exemple du fait qu'un bon mythe peut être totalement inventé mais demeurer en même temps parfaitement authentique ? Comment pouvons-nous, tous, être cow-boy dans l'âme ?

PAGES SUIVANTES :

***The Buckboard,* John Innes, s.d.**

HUILE SUR TOILE • 83,8 X 150,5 CM • GLENBOW MUSEUM, CALGARY, ALBERTA • PHOTO : GLENBOW MUSEUM

John Innes

CHAPITRE 1

Le Far West, les paysages et les pays

Canyon de Chelly-Navajo, vers 1904

PHOTOGRAPHIE TIRÉE DE EDWARD S. CURTIS, *THE NORTH AMERICAN INDIAN, 1907-1930*, SEATTLE, WASHINGTON • LIBRARY OF CONGRESS, Nº LC-USZ62-116676

Serge BOUCHARD

Au-delà du Mississippi, les nouveaux arrivants ont bel et bien rencontré des paysages étonnants dont certains se graveront à jamais dans la représentation des scènes de cow-boy. Les déserts du Sud-Ouest américain réservent quelques surprises. Les mesas de l'Utah et du Colorado, le Mohave, les canyons et les montagnes sculptées par des rivières depuis longtemps disparues, autant de monuments naturels qui sont encore aujourd'hui la marque de commerce d'une Amérique de carte postale. Pour une bonne part, l'Ouest est une cuvette désertique et les cow-boys seront représentés comme des hommes du désert. Ils combattent la soif, la chaleur, la poussière, la pierraille, les scorpions et les serpents. En fait, le paysage désertique est omniprésent et, dans le grand Sud-Ouest, il réunit le Mexique au Nouveau-Mexique et le Texas à la Californie. En remontant vers le nord, on gagne les plateaux, les badlands et les montagnes. La montagne joue aussi un grand rôle dans l'univers western ; le cow-boy en fait le tour ou il s'y réfugie. *Run for the hills,* allons dans les montagnes, il y aura toujours moyen de s'y cacher, de s'y embusquer ou, semblable au désert, de s'y perdre pour se faire oublier.

À cause de ces immensités désertiques et de ces massifs montagneux, le pays cow-boy est un pays de passes et de cols propices aux évasions, aux embuscades. C'en est un de pistes, un territoire idéal pour les poursuites de bandes de fuyards devenus des proies à arrêter. Les avances se comptent en jours, les retards aussi. Les poursuites durent longtemps, car le territoire est sans fin. Il se peut que les fuyards cherchent à gagner le Mexique, à traverser le Rio Grande. Ou bien ils cherchent à gagner le Nord, le Canada peut-être. Au hasard des altitudes, des saisons et des longues distances, les cow-boys auront chaud pour mourir, ils gèleront dans les montagnes, affronteront à des blizzards ou seront trempés de part en part par des pluies abondantes.

Mais là n'est pas la fin de l'histoire, puisque ces déserts et ces montagnes typiques de l'Ouest américain ne représentent qu'une faible partie de la scène totale. La vraie Nature où se retrouve le cow-boy original, c'est la grande prairie. Or, la grande plaine nord-américaine, comme sa cousine la pampa, est bel et bien un

Une petite maison dans la prairie, 1897

PLAINE DU KANSAS • U.S. GEOLOGICAL SURVEY, N° 157 • PHOTO : W.D. JOHNSON

lieu naturel particulier de la famille des grandes steppes et des savanes. C'est plat à vous en troubler la vue. À l'instar des déserts et des plateaux, nous sommes dans les grandes exagérations de la Nature, dans la pure démesure. Des dizaines de millions de bisons arpentaient ces herbages infinis. La prairie fut la scène par excellence de tous les enjeux imaginables et l'histoire de sa domestication sera celle qui se rapprochera le plus de l'authentique vie des immigrants de l'Ouest. Ces terres étaient les nombreux pays des peuples amérindiens qui profitaient de la prospérité engendrée par l'abondance des bisons et des chevaux sauvages. Les guerres des Américains contre les Amérindiens furent nombreuses et particulièrement violentes, la dépossession territoriale, radicale et rapide. Les bisons furent pratiquement exterminés afin de les remplacer par du bétail domestique. Il y eut les fameuses chicanes de clôture entre les tenants des petites fermes et les grands propriétaires de bétail. Bref, la plaine a été le lieu de toutes les tragédies de l'Ouest.

Mais à l'ouest des grandes plaines, en remontant vers le nord et en poussant toujours vers l'ouest, se dressent les formidables Rocheuses. Elles joueront aussi un rôle fondateur dans la culture western. La ruée vers l'or du Yukon, en 1898, sera une répétition de la conquête du Far West. Les wagons de la compagnie de chemins de fer de Santa Fe seront transportés à Skagway, en Alaska. Et les bandits s'en vont là où il y a de l'or. Les grandes montagnes seront omniprésentes mais s'y ajoutent les froids impardonnables. Ce territoire nordique s'ouvre sur l'immense taïga et, par un drôle de retour des choses, cette taïga nous ramène vers l'est, jusqu'au Labrador. Tout le Nord canadien aura l'esprit western. Aussi le Far West est sans limite bien définie. Ce n'est pas un seul décor, pas une scène, pas une région. Nous allons plutôt de déserts en montagnes, du chaud au froid, de la prairie aux grands plateaux, du Mexique au Labrador.

Il suffira que l'espace soit immense et que la solitude le soit plus encore. Le Far West, c'est aussi la notion d'éloignement. Dans le paysage humain, nous verrons souvent des fermes isolées, riches ou pauvres, immenses ou petites, mais toujours établies au milieu de nulle part. À la limite, nous rencontrerons une pauvre cabane. Même les forts militaires se définissent par leur vulnérabilité dans les solitudes de la Frontière. Ce ne sont pas des places fortes, ce sont des places faibles, des refuges facilement envahis, difficiles à défendre, difficiles à rejoindre.

Chercheurs d'or escaladant la Chilkoot Pass, vers 1898

La véritable ruée vers l'or du Yukon débute le 17 août 1896 après que George Carmack eut découvert de l'or à Bonanza Creek, un affluent de la rivière Klondike. Des prospecteurs arrivent ensuite de partout à la recherche d'or dans ce coin oublié du Canada. L'une des routes le plus fréquemment empruntées par les chercheurs d'or est celle menant de Skagway (Alaska) à la Colombie-Britannique, puis au Yukon. Passant par le col de Chilkoot à travers les pics enneigés des montagnes du sud-ouest du Yukon, la Chilkoot Pass a vu passer environ 22 000 personnes à la queue leu leu durant le seul hiver de 1897 et 1898. Plusieurs n'arrivaient pas à destination, abandonnant ou mourant de froid ou d'épuisement.

CHILKOOT PASS, ALASKA • ARCHIVES NATIONALES DU CANADA, Nos SC5142 ET C4490

PAGES SUIVANTES :

Emigrants Crossing the Plains, Albert Bierstadt, 1867

HUILE SUR TOILE • 181 X 275 CM (ENCADRÉ) • NATIONAL COWBOY AND WESTERN HERITAGE MUSEUM

FOR OREGON

Et puis, il y a les villages. Ils poussent comme des champignons, rapidement construits, rapidement désertés. Ce sont des villages qui se ressemblent, une rue principale où défilent des passants et des voyageurs. Tout est en bois, jusqu'aux trottoirs. Ce sont des villages de façade. Il existe bel et bien une architecture des villages frontières, des devantures en bois dégradé avec pignon simple ou marquise. C'est le bâti humain de l'Ouest que l'on retrouvera jusque dans l'est de l'Amérique, partout où il y aura une colonisation tardive recréant les valeurs de l'isolement. Aujourd'hui encore, dans le petit nord de Montréal, les maisons originales datant de la fin du XIXe siècle sont représentatives des bâtiments western en général.

Ces villages étaient en réalité des points d'arrêt sur la route de l'Ouest, des relais, des centres de service. Le voyageur pouvait y trouver tout ce qu'il cherchait, un saloon, une chambre d'hôtel, une écurie pour les chevaux, un maréchal-ferrant, une banque, un magasin général, une prison. C'est le lieu de rencontre de tous les personnages de l'Ouest, de sorte que, finalement, l'architecture western sera simple comme le monde qui se lance dans l'aventure de l'Ouest. Tout est modeste, vulnérable, éphémère. Tout risque à tout moment de devenir fantôme, de retourner à la Nature. Les villages abandonnés seront nombreux, les installations désertées rappelleront l'euphorie des entreprises.

Sur la scène du Far West, il y aura donc une interprétation unique de la lutte entre le monotone et le spectaculaire. Quelle est la vie durant les longs intervalles entre les duels et les bagarres ou entre les règlements de comptes et les vols de banques. La légende retiendra les moments forts, comme toujours. Mais le bâti humain exprime plutôt la monotonie, la répétition, la petite vie d'un village qui n'est qu'un relais sur une longue route empruntée par tous les genres de voyageurs. Des vrais cow-boys, gauchos meneurs de troupeaux de bœufs sur de longues distances, s'y arrêtent pour se reposer. Des joueurs compulsifs – des escrocs, certes –, mais aussi des vendeurs itinérants, des mendiants et des colporteurs de tout acabit y passaient quelques jours. Les communautés sont isolées, ouvertes à toutes les influences des gens de passage, des aventuriers qui recherchent un travail, une fortune rapide, un filon, une arnaque. Les résidants formaient une communauté d'immigrants comme bien d'autres.

Nous en revenons ainsi à l'appropriation simple et ordinaire par le plus commun des colons d'un mythe universel relié à de grands archétypes humains : explorer un monde nou-

veau, s'isoler et s'éloigner du monde connu, forcer son destin, le provoquer, aller au-delà des conventions et se donner une chance dans l'écriture de ses épopées personnelles. La tradition orale retiendra partout les exploits et les attitudes, les aventures et les mentalités de personnages particuliers, avec nom et surnom, qui autrement n'auraient jamais eu droit à quelque considération légendaire que ce soit.

Bien des régions du monde ont connu le même phénomène : la Chine de l'Ouest et du Nord, l'Australie, l'Amérique du Sud. Partout où la Nature exigeante lancera un défi à l'individu, à la famille, à la communauté, partout où les colons réunis se poseront la question quotidienne de leurs rapports au monde, une culture populaire de l'épopée se développera. Un bandit aura droit à sa légende, un trappeur passera à la petite histoire, un colon donnera son nom à une vallée... ce qui n'a jamais eu cours dans l'histoire traditionnelle des anciens. Bien sûr, ce sont les Américains qui universaliseront leur Far West. Aux autres de s'y reconnaître. L'espace est immense, la vie est monotone, la route s'étire qui marque notre solitude et écrit notre espoir, mais qui souligne notre excentricité.

Voilà peut-être pourquoi le paysage western ne se confine à aucune région précise, il s'adapte à de nombreux écosystèmes, du moment que l'excentricité et la nouveauté sont au rendez-vous. Il faut qu'un pays, dans ses aspects physiques comme dans l'imaginaire des humains qui l'abordent, soit une terre d'appels : l'appel de la plaine, l'appel de la forêt, l'appel de la Terre promise, celui de la fortune, de l'or et de l'argent. Il faut que le pays soit neuf, en rupture avec le monde ancien ; que la Nature s'impose en premier plan et que chacun fasse sa petite affaire, sa petite cabane, son petit feu au cœur de la grande immensité. Nous parlons donc d'une culture excentrique dans des pays qui sortent de l'ordinaire. Les bases étaient là qui permettaient la création d'une culture populaire fondée sans prétention sur les menteries les plus grandes.

Le mythe a un lieu, aussi chaque mythe a son décor. Nous savons déjà que cette Nature légendaire est un état d'esprit, pour ne pas dire un état d'âme. Il faudra que la dite Nature soit un spectacle grandiose, au point de le qualifier de paysage unique au monde. Cela, l'Ouest pouvait l'offrir. Cependant, l'espace propose et l'imagination dispose. Le pays des cow-boys imaginaires est un pays imaginaire. Le paradoxe du western réunit l'ordinaire et l'extraordinaire, le vulgaire et le sacré. Nous regardons un paysage, bien sûr, mais notre regard ne fait que mettre au jour une vue de l'esprit. Le western est dans l'œil de celui qui regarde.

Lewis and Clark and Sacajawea, Henri Lion, vers 1963

Pour explorer le territoire que les États-Unis ont acheté de la France de Napoléon pour la somme de 15 millions de dollars, le président Thomas Jefferson choisit son jeune ami et secrétaire Meriwether Lewis, qui choisit à son tour pour compagnon William Clark. Les grandes expéditions ont alors pour but de trouver des passages vers l'Ouest et de cartographier le territoire. Celle de Lewis et Clark, de 1804 à 1806, cherche aussi l'amitié des Indiens, recense la faune et la flore, et effectue des relevés minéralogiques. Tout cela en vue d'éclairer les explorateurs, les commerçants et les immigrants dans leurs déplacements et dans leurs exploitations de ces nouveaux espaces. L'expédition atteint le Pacifique en décembre 1805, un an et demi après son départ de Saint-Louis.

BRONZE • HAUTEUR : 90 CM ; BASE : 60 X 72 CM • BUFFALO BILL HISTORICAL CENTER, CODY, WYOMING, GIFT OF CHARLES S. JONES, Nº 27.64

Lewis and Clark on the Lower Columbia, Charles M. Russell, 1905

Cette œuvre de Russell est en fait une interprétation romancée de la rencontre en 1805 de l'équipe des explorateurs Lewis et Clark accompagnés de leur interprète shoshone Sacagawea et d'Indiens de la famille Chinook. L'événement authentique aurait plutôt eu lieu sur la terre ferme.

HUILE SUR TOILE, DÉTAIL • 51,3 X 65 CM • AMON CARTER MUSEUM, FORT WORTH, TEXAS, Nº 1961.195

Jeu de crosse, entre 1840 et 1847

ŒUVRE SUR PAPIER • 8 X 11 CM ENV. • PUBLIÉE DANS NICOLAS POINT, *SOUVENIRS DES MONTAGNES ROCHEUSES* • ARCHIVES DES JÉSUITES, SAINT-JÉRÔME, QUÉBEC, Nº 1602 L. I-96

Amérique septentrionale, entre 1840 et 1847

De 1841 à 1847, le père Nicolas Point vécut comme missionnaire parmi les tribus indiennes des Rocheuses du Nord-Ouest des États-Unis, les Têtes-Plates, les Cœurs d'Alène et les Pieds-Noirs, dans les territoires qui sont devenus le Montana et l'Idaho. Quand il a quitté la région, le 19 mai 1847, il emportait avec lui quantité de croquis, de peintures et de notes dans lesquelles il avait consigné ses observations sur les communautés qu'il avait fréquentées. On peut le voir ici, ses peintures ne sont pas à caractère religieux mais bien documentaires et ethnographiques. On note sur cette carte les principaux cours d'eau de l'Ouest, des noms de tribus indiennes, les établissements de la compagnie de Jésus, etc.

ŒUVRE SUR PAPIER • 25 X 20 CM ENV. • PUBLIÉE DANS NICOLAS POINT, *SOUVENIRS DES MONTAGNES ROCHEUSES* • ARCHIVES DES JÉSUITES, SAINT-JÉRÔME, QUÉBEC, Nº 1601 L. II-3

Michel Ensila, entre 1840 et 1847

ŒUVRE SUR PAPIER • 11 X 8 CM ENV. • PUBLIÉE DANS NICOLAS POINT, *SOUVENIRS DES MONTAGNES ROCHEUSES* • ARCHIVES DES JÉSUITES, SAINT-JÉRÔME, QUÉBEC, Nº 1601 L. II-22

Boone's First View of Kentucky

Né en 1734, Daniel Boone est un personnage majeur de l'histoire de la première Frontière, située sur le versant occidental des monts Appalaches. Cette frontière fait figure d'avant-poste voisinant le « pays sauvage », soit le territoire habité et contrôlé par les autochtones. En 1769, Boone s'éloigne de la partie civilisée de la côte Atlantique pour s'aventurer avec quelques compagnons sur ces terres sauvages qui deviendront le Kentucky. Daniel Boone incarne un mythe national : être Américain, c'est accepter la Nature sauvage, s'y immerger, la maîtriser, vivre à l'indienne pour y parvenir. Pionnier de la première heure qui emprunte audacieusement la piste de l'Indien, la piste « des solitudes sauvages », il est suivi quelques années plus tard par des milliers de ses compatriotes.

ŒUVRE TIRÉE DE HENRY HOWE, *THE GREAT WEST*, NEW YORK, 1857, P. 121 • MUSÉE DE LA CIVILISATION, BIBLIOTHÈQUE DU SÉMINAIRE DE QUÉBEC (FONDS ANCIEN), 303.7 • PHOTO : JACQUES LESSARD

Fremont's Peak, Rocky Mountains

Ce sommet situé en Californie porte le nom de John Charles Fremont, grand traceur de pistes vers l'Ouest. La toponymie des sommets de l'Ouest rappelle les noms de grands explorateurs, militaires et chefs amérindiens.

GRAVURE TIRÉE DE HENRY HOWE, *HISTORICAL COLLECTIONS OF THE GREAT WEST*, NEW YORK, G.F. TUTTLE, 1857, P. 327 • MUSÉE DE LA CIVILISATION, BIBLIOTHÈQUE DU SÉMINAIRE DE QUÉBEC (FONDS ANCIEN), Nº 303.7 • PHOTO : JACQUES LESSARD

PAGES SUIVANTES :

Custer's Last Stand, Edgar S. Paxson, 1899

En 1876, voulant confiner les Lakotas dans des réserves, la cavalerie pourchasse les Indiens dirigés entre autres par Sitting Bull et Crazy Horse. Le général George A. Custer découvre le campement de Sitting Bull sur la rivière Little Bighorn et l'attaque. Mais les Indiens, quatre fois plus nombreux, tuent tous les membres de la troupe de Custer, dans une bataille qui fut appelée *Custer's Last Stand.*

HUILE SUR TOILE • 179 X 269 CM • BUFFALO BILL HISTORICAL CENTER, CODY, WYOMING, Nº 19.69

FREMONT'S PEAK, ROCKY MOUNTAINS.

"We had climbed the loftiest peak of the Rocky Mountains, and looked down upon the snow below, and, standing where human feet had never stood before, felt the exultation of first explorers."—

PAGE 310.

Maison recouverte de gazon, seconde moitié du XIXe siècle

En plein centre de la prairie, les pionniers construisaient leur maison avec ce qu'ils trouvaient à leur disposition, soit peu de choses. Un couple de pionniers pose ici devant sa maison recouverte de gazon. On croit que les bois d'animaux placés sur les toits permettaient de repérer la maison au loin sur la prairie. Sans de tels repères, la maison de gazon se confondait avec le paysage morne de la prairie.

MAISON DE JOHN CURRY, PRÈS DE WEST UNION, CUSTER COUNTY, NEBRASKA • NEBRASKA STATE HISTORICAL SOCIETY, Nº RG2608-1048 • PHOTO : JOHN ANDERSON

Une famille sur la piste de l'Oregon, vers 1870

Ces personnes, qu'on pense être des émigrants mormons, se reposent devant leurs chariots recouverts d'une bâche. Ils sont dans la plaine et on aperçoit les montagnes au loin. Les Mormons ont été nombreux à s'installer à Salt Lake City, dans l'Utah.

DENVER PUBLIC LIBRARY, Nº X11929

Laura et Almanzo Wilder, après leur mariage en 1885

Laura Ingalls entreprend un second voyage en chariot avec son mari Almanzo Wilder et leur fille Rose. Ils partent de De Smet, dans le Dakota du Sud, pour se rendre à Mansfield, dans le Missouri. C'est là que Laura écrira son ouvrage autobiographique intitulé *Little House on the Prairie*.

COURTESY OF LAURA INGALLS WILDER HOME ASSOCIATION, MANSFIELD, MISSOURI

La famille Ingalls, vers 1890

En 1935, Laura Ingalls Wilder publie *Little House on the Prairie,* une autobiographie qui remporte un succès immédiat. Dans ce livre, elle raconte sa traversée du Midwest en chariot, avec sa famille, alors qu'elle était enfant. Elle n'avait en effet que sept ans quand ses parents entreprirent ce périple allant de Montgomery (Kansas) à Walnut Grove, au Minnesota. La série télévisée inspirée de cet ouvrage connut beaucoup de succès.

PHOTO PRISE AVANT LE DÉPART DE LAURA DU DAKOTA POUR EMMÉNAGER À MANSFIELD, DANS LE MISSOURI. DE GAUCHE À DROITE, ASSIS : CAROLINE, CHARLES ET MARY ; DEBOUT : CARRIE, LAURA ET GRACE • COURTESY OF LAURA INGALLS WILDER HOME ASSOCIATION, MANSFIELD, MISSOURI

Teddy Blue Abbot, sa femme Mary, ses cinq enfants et le frère de Mary, Edward Stuart, 1902

Teddy Blue Abbot était cow-boy. Il épousa Mary, une femme née d'un mariage interracial entre Awbonnie Tookanka, une Shoshone, et Granville Stuart, un éleveur blanc fort prospère. Bien que les mariages interraciaux aient été mal vus par la société, ils n'étaient pas interdits.

MONTANA HISTORICAL SOCIETY, HELENA, Nº 940-050

John Ware et sa famille, vers 1896

On néglige trop souvent de se souvenir qu'il y eut des cow-boys et des éleveurs chez les minorités indiennes, noires et métis. John Ware est né esclave en Caroline du Sud en 1842. Après la guerre civile, il fut embauché comme cow-boy et, en 1882, il accompagna un troupeau de *longhorns* en partance du Montana vers l'Alberta. Quelques années plus tard, il devenait un grand éleveur réputé et admiré de sa communauté.

SUD DE L'ALBERTA • GLENBOW ARCHIVES, CALGARY, ALBERTA

Trappeurs métis, s.d.

Le commerce des fourrures a engendré dans l'Ouest une population métisse issue des mariages entre Blancs et Amérindiens. Dans la seconde moitié du XIXe siècle, les modes de vie des Métis ont été bouleversés par la colonisation, à tel point qu'un soulèvement eut lieu en 1885.

ROCHEUSES, ALBERTA • GLENBOW ARCHIVES, CALGARY ALBERTA

Un couple de pionniers cultivant sa terre, s.d.

Ce couple de pionniers utilise toute l'étendue de sa terre pour cultiver les fruits et légumes qui lui assureront un hiver sans famine.

CUSTER COUNTY, NEBRASKA • NEBRASKA STATE HISTORICAL SOCIETY, Nº RG2608-2023 • PHOTO : SOLOMON D. BUTCHER

Des pionniers appliquant leur propre loi, s.d.

Quatre hommes, masqués afin d'éviter les représailles, mettent en scène la reconstitution de la coupe de fil barbelé, activité fréquente dans l'Ouest à l'arrivée de cette nouvelle invention. Alors que les pionniers clôturaient leurs terres de fil barbelé pour protéger leurs cultures, les éleveurs de bétail coupaient celui-ci pour que leurs bêtes aient accès aux points d'eau et puissent voyager librement d'une terre à l'autre.

NEBRASKA HISTORICAL SOCIETY, Nº RG2608-2430 • PHOTO : SOLOMON D. BUTCHER

Publicité pour le fil barbelé Glidden

Joseph Farewell Glidden obtient un brevet pour son fil barbelé en 1874. Cette invention obstrue le chemin du bétail dans sa traversée des prairies de l'Ouest, entraîne la fin de l'époque des pâturages libres (les *open ranges*) et la fin de la période héroïque du métier de cow-boy. Le fil barbelé sonne ainsi la victoire du fermier sur le cow-boy.

DENVER PUBLIC LIBRARY, Nº F26344

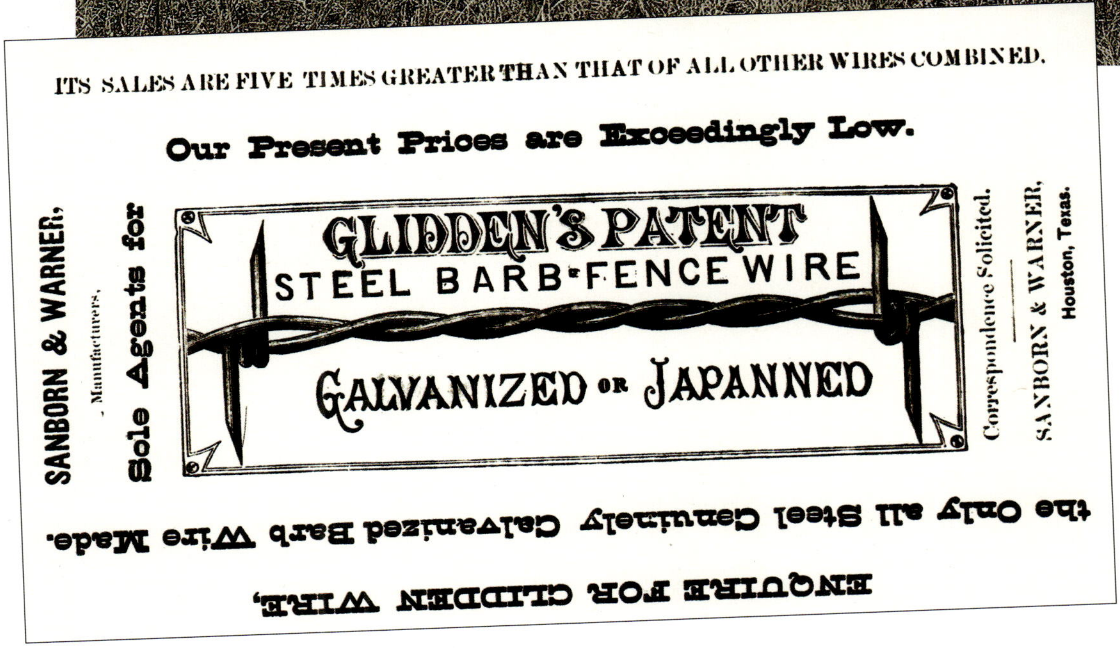

ITS SALES ARE FIVE TIMES GREATER THAN THAT OF ALL OTHER WIRES COMBINED.
Our Present Prices are Exceedingly Low.
SANBORN & WARNER,
Manufacturers.
Sole Agents for
GLIDDEN'S PATENT
STEEL BARB FENCE WIRE
GALVANIZED OR JAPANNED
Correspondence Solicited.
SANBORN & WARNER,
Houston, Texas.
the Only all Steel Genuinely Galvanized Barb Wire Made.
ENQUIRE FOR GLIDDEN WIRE,

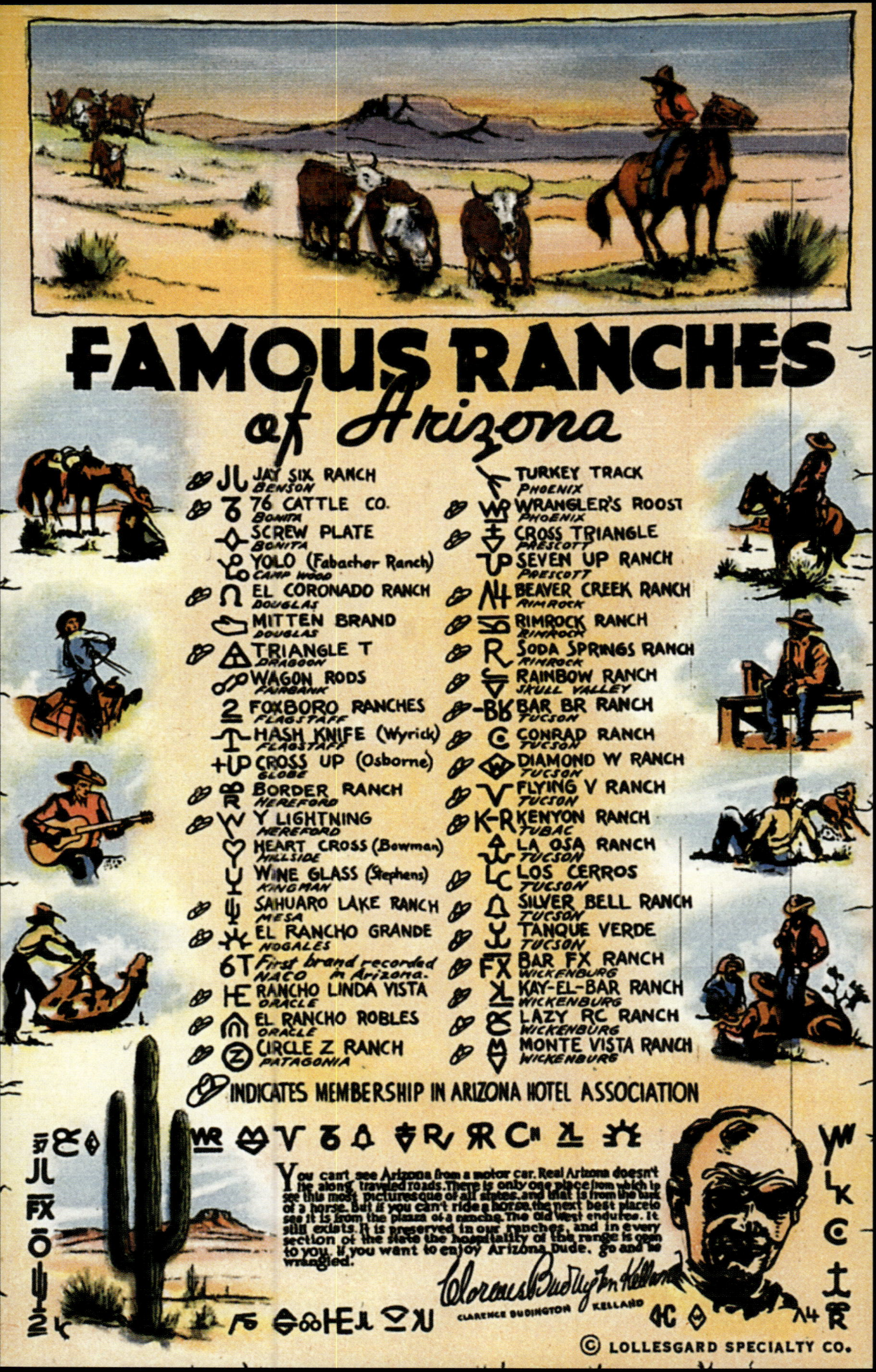
FAMOUS RANCHES
of Arizona
JAY SIX RANCH
BENSON
76 CATTLE CO.
BONITA
SCREW PLATE
BONITA
YOLO (Fabacher Ranch)
CAMP WOOD
EL CORONADO RANCH
DOUGLAS
MITTEN BRAND
DOUGLAS
TRIANGLE T
DRAGOON
WAGON RODS
FAIRBANK
FOXBORO RANCHES
FLAGSTAFF
HASH KNIFE (Wyrick)
FLAGSTAFF
CROSS UP (Osborne)
GLOBE
BORDER RANCH
HEREFORD
Y LIGHTNING
HEREFORD
HEART CROSS (Bowman)
HILLSIDE
WINE GLASS (Stephens)
KINGMAN
SAHUARO LAKE RANCH
MESA
EL RANCHO GRANDE
NOGALES
First brand recorded
NACO in Arizona.
RANCHO LINDA VISTA
ORACLE
EL RANCHO ROBLES
ORACLE
CIRCLE Z RANCH
PATAGONIA
TURKEY TRACK
PHOENIX
WRANGLER'S ROOST
PHOENIX
CROSS TRIANGLE
PRESCOTT
SEVEN UP RANCH
PRESCOTT
BEAVER CREEK RANCH
RIMROCK
RIMROCK RANCH
RIMROCK
SODA SPRINGS RANCH
RIMROCK
RAINBOW RANCH
SKULL VALLEY
BAR BR RANCH
TUCSON
CONRAD RANCH
TUCSON
DIAMOND W RANCH
TUCSON
FLYING V RANCH
TUCSON
KENYON RANCH
TUBAC
LA OSA RANCH
TUCSON
LOS CERROS
TUCSON
SILVER BELL RANCH
TUCSON
TANQUE VERDE
TUCSON
BAR FX RANCH
WICKENBURG
KAY-EL-BAR RANCH
WICKENBURG
LAZY RC RANCH
WICKENBURG
MONTE VISTA RANCH
WICKENBURG
INDICATES MEMBERSHIP IN ARIZONA HOTEL ASSOCIATION
You can't see Arizona from a motor car. Real Arizona doesn't lie along traveled roads. There is only one place from which to see this most picturesque of all states, and that is from the back of a horse. But if you can't ride a horse, the next best place to see it is from the plaza of a rancho. The old West endures. It still exists. It is preserved in our ranches, and in every section of the state the hospitality of the range is open to you. If you want to enjoy Arizona Dude, go and be wrangled.
CLARENCE BUDINGTON KELLAND
© LOLLESGARD SPECIALTY CO.

Famous Ranches of Arizona

Sur chaque ranch on adoptait un signe qui était par la suite utilisé pour marquer le bétail.

CARTE POSTALE, S.D. • LOLLESGARD SPECIALTY CO., TUCSON, ARIZONA • ARCHIVES NATIONALES DU QUÉBEC À QUÉBEC, Nº P547, S1, SS2, SSS3, D40

Le travail du cow-boy, Z/T Ranch, Pitchfork, Wyoming, vers 1923

LIBRARY OF CONGRESS, Nº LC-USZ62-107981

DRY GOODS
TONSORIAL

CHAPITRE 2

Un drame épique

Dodge City, 1876

Ville de bétail, comme on appela ces villes où les cow-boys conduisaient leurs troupeaux de *longhorns* pour les envoyer par train vers les villes-abattoirs, Dodge City affiche ici de façon typique l'alignement de ses principales façades. On y aperçoit le Long Branch Saloon et le Beatty and Kelley Saloon, deux saloons que fréquentait le marshal Wyatt Earp.

KANSAS STATE HISTORICAL SOCIETY • PHOTOGRAPHE ANONYME

Étoile de Texas Rangers, après 1961

L'histoire des Texas Rangers remonte à 1823. Cette force policière a une réputation comparable à celles de Scotland Yard, d'Interpol, de la Police montée canadienne et du FBI. Le véritable insigne des Texas Rangers n'a jamais eu la forme d'une étoile à six pointes, mais quantité d'imitations ont été faites soit pour le marché du loisir, soit frauduleusement. Il n'y a rien d'authentique dans cet insigne. Les six pointes, le dessin du feuillage qui couronne l'étoile et l'articulation des lettres du mot Texas sont le résultat d'une conception fantaisiste que les experts datent au plus lointain à 1961.

MÉTAL MOULÉ • IMITATION FANTAISISTE • MUSÉE DE LA CIVILISATION • PHOTO : JACQUES LESSARD

Une histoire si simple

Bernard ARCAND

Au commencement était le malaise. Dès le début, on sent que le danger est là, du moins qu'il approche. Parce que les bandits ont échappé à la prison et qu'ils reviennent se venger. Parce qu'un grand propriétaire de bétail a chargé ses tueurs de terroriser les familles de petits paysans pour reprendre leurs terres. Parce que les Indiens ont kidnappé la jolie fille du pasteur. Ou parce qu'une bande de voleurs s'apprête à faire main basse sur du bétail ou à dévaliser la banque pour s'approprier l'argent du pauvre monde. Ou encore parce que les Indiens ont décidé d'intercepter le convoi, en défense de leur territoire ou intoxiqués par l'alcool fourni par un commerçant crapuleux. Toutes ces raisons sont bonnes, il suffit de bien annoncer que le crime et l'injustice approchent.

La menace est palpable et les gens ordinaires n'y peuvent rien. Dans la petite ville, il n'y a que des gens ordinaires, honnêtes mais incompétents, des vieillards, des femmes et des enfants peureux ou trop faibles. Personne n'est en mesure de faire face au grand danger que représente une bande de vilains armés et féroces. Les deux ou trois jeunes téméraires qui oseraient les défier se feraient abattre comme des novices. Dans cette petite ville, il n'y a que des victimes toutes désignées qui ont un urgent besoin d'aide.

Il faut dire que les Méchants qui approchent sont absolument menaçants. Ils sont à la fois cruels et très doués pour la malfaisance, le crime crapuleux et l'assassinat sans pitié. Ils se montrent sournois et sadiques, ce sont des Mexicains fous ou des Indiens déchaînés, un baron du bœuf avaricieux ou un bandit vicieux. Tous ces criminels semblent absolument incapables de laisser le monde ordinaire vivre en paix. Et puis ils se déplacent souvent en hordes sauvages, en bandes de Méchants anonymes et subalternes dévoués aux ordres d'un chef un peu plus âgé, plus intelligent et particulièrement laid, mais toujours souriant parce qu'il lui plaît de se moquer de la faiblesse des pauvres gens. Le vrai Méchant maltraite les animaux, il épuise ses chevaux, donne un coup de pied au chien ou, pire, enferme une mouche dans le canon de son pistolet. La méchanceté est absolue et il faudra pour s'en protéger une force exceptionnelle.

Verrières de portes trouées par des balles, 5 octobre 1892

Ces trous de balles témoignent de la violence du dernier crime de trois des frères Dalton. Ce jour-là, ils tentèrent un coup fumant : exécuter un double hold-up en prenant d'assaut la Condon National Bank et la First National Bank dans la ville qui les avait vus naître. Les frères Bob et Grat Dalton tombèrent sous les balles de citoyens de Coffeyville. Emmet survécut, mais écopa de 15 ans de prison.

CONDON NATIONAL BANK, COFFEYVILLE, KANSAS • KANSAS STATE HISTORICAL SOCIETY • PHOTOGRAPHE ANONYME

Arrive alors le héros. Lentement. Surtout lentement. Le héros n'arrive jamais à la course ou au galop. Car le héros n'est jamais un énervé. Sa force se laisse tout de suite deviner par son calme et l'on sent qu'il est le plus heureux des hommes à la fin d'une longue journée de chevauchée, buvant un café près du feu avant de dormir à la belle étoile. C'est donc avec douceur qu'il entre en ville, se dirige vers le saloon ou apparaît à la clôture d'un ranch. Et l'on voit au premier coup d'œil que le héros est un homme bon. Il parle à voix basse et ne brusque personne, il sourit aux enfants et reste poli avec les dames, il ne boit pas trop et ne triche jamais aux cartes, il prend soin de son cheval et ne fera de mal aux animaux qu'en tuant le serpent à sonnette qui allait mordre un ami ou en achevant un cheval blessé, par pitié. Il s'exprime avec franchise et déteste l'hypocrisie et le mensonge. S'il joue au poker pour de l'argent, c'est afin de montrer son calme face à la tension et son amour du risque. Alors que le rire du Méchant est un rictus cruel, le héros ne rit pratiquement jamais, comme un homme qui en a trop vu. Endurci par on ne sait quelles expériences passées, tout en lui annonce la bravoure. Il est fier et franc, tout simplement sans peur et sans reproche. Le héros n'est pas nécessairement beau mais assurément séduisant.

La plupart des femmes l'aiment facilement, parfois même la copine du Méchant, tandis que les hommes l'admirent.

L'ambiance dans la ville est manifestement tendue, on explique la menace au héros et on sollicite son aide. Mais il refuse de s'engager, car il n'aime pas être bousculé. Il faudra donc, pour le convaincre, un incident violent : un pauvre misérable, préférablement un infirme sans défense, est lâchement abattu d'une balle dans le dos, une jeune femme est brutalement violée, un enfant est sauvagement écrasé sous les sabots d'un cheval. Cette fois, les Méchants sont allés trop loin. Dès lors, la vengeance est justifiée. Plus encore, elle devient une obligation. Les Méchants ont choisi d'ouvrir les hostilités, le héros épousera donc la cause commune pour protéger les faibles contre la méchanceté des plus forts.

Cependant, la tâche ne sera pas facile et il lui faudra beaucoup souffrir. Ses ennemis lui tendront un piège, ils seront vingt contre un pour le capturer et le maltraiter. Le héros sera malmené, il verra la mort de près et c'est là, vraiment, qu'il fournira la preuve de son courage légendaire. À la manière d'un crucifié qui prépare sa résurrection, il traverse une longue et terrible épreuve afin de mieux rebondir pour finalement régler ses comptes. Justement, ces comptes s'accumulent et le tort est fait. Accablé de mauvais traitements et poussé à sa limite, le héros se trouve engagé dans un combat qui dépasse la justice et l'honneur, c'est désormais une affaire personnelle. Et le Méchant nous intéresse dorénavant moins par son projet de voler le trésor ou d'exploiter les pauvres que parce qu'il a l'intention de tuer le héros.

Bob et Grat Dalton avec leurs complices Bill Power et Dick Broadwell, 1892

Cette photo rappelle que la légende des Dalton a certains fondements. Ces frères ont bel et bien existé et ont terrorisé pendant plusieurs années plus d'une région de l'Ouest américain avec leurs attaques de trains et de banques.

COFFEYVILLE, KANSAS • KANSAS STATE HISTORICAL SOCIETY • PHOTOGRAPHE ANONYME

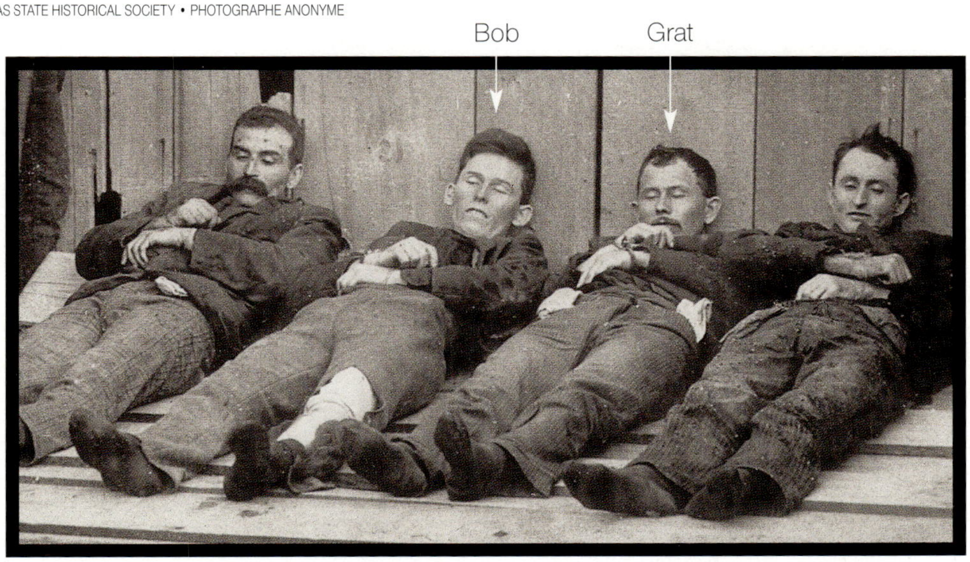

Le combat ultime est une bataille épique. Les personnages sont grandioses, des centaines de coups sont échangés, les Méchants ont l'avantage du nombre, mais heureusement, ils visent franchement mal. Le héros est en minorité mais il vaincra, non pas grâce à son équipement supérieur ou parce qu'il serait un super héros venu d'une autre planète, mais simplement parce qu'il est courageux, intelligent, vaillant et déterminé. Ce combat final lui offre une revanche et constitue le point culminant du récit, le dénouement que le spectateur espérait depuis le début, dès qu'il a compris une fois pour toutes l'incontestable malveillance des Méchants. Les trois quarts du récit ont servi à montrer l'horreur de cette méchanceté et la solution finale viendra réaffirmer que, malgré des circonstances extrêmement difficiles et l'inégalité flagrante des forces en présence, le courage et la rectitude méritent la victoire. D'une seule balle, sortie d'un pistolet dégainé à la hauteur du pénis, le Bon fait trébucher le Méchant et l'élimine.

Le combat terminé, il n'y a plus rien à ajouter ; le problème est résolu, l'histoire est finie. Dans certaines versions, le héros pourra enfin abandonner son arme pour épouser la fille du forgeron et adopter la vie paisible du fermier ordinaire. Souvent, il reprendra simplement la route vers un ailleurs imprécis où les services d'un vrai héros pourraient de nouveau être requis. Les gens qu'il vient de sauver ignorent sa destination, tout comme ils n'ont jamais su d'où il venait, mais tous espèrent qu'il pourra revenir la semaine prochaine.

S'il ne veut pas laisser son rôle de héros pour devenir un modeste cultivateur, il doit partir. La menace est éliminée, la communauté peut maintenant reprendre son train de vie ordinaire. La présence du héros, en ces temps redevenus normaux, serait désormais démesurée et donc inconfortable. Un crucifié qui ressuscite ne peut pas simplement continuer à vivre parmi les siens. Il les quitte en leur promettant d'être toujours présent parmi eux, en pensée, et de revenir quand le besoin se fera sentir.

Billy the Kid, vers 1879

William H. Bonney, alias Billy the Kid, était droitier, comme en témoigne cette unique photographie connue du fameux hors-la-loi. La méprise qui a inspiré le titre du film *Le Gaucher* (1958) viendrait du fait que l'impression originale de cette image aurait été réalisée à l'envers, faisant croire qu'il tenait la carabine dans la main gauche. D'autres légendes sur le Kid demeurent contestées, comme celle le tenant coupable de 21 meurtres à 21 ans ; certains prétendent qu'il n'aurait tué que 4 personnes ! Sa première victime, il l'attaque au couteau à l'âge de 12 ans ; c'est un forgeron ayant insulté sa mère.

COURTESY MUSEUM OF NEW MEXICO

Un récit classique

D'autres scénarios racontent les aventures tout aussi dramatiques d'un convoi attaqué par les Indiens, d'une chasse sans pitié aux bandits mexicains, du *stampede* du bétail ou d'une poursuite dans les étendJes enneigées du Montana. Il arrive qu'à la fin le personnage principal soit sauvé par la cavaler e, par la chance ou par l'amour. Le héros lui-même sera parfois alcoolique ou libidineux, il sera un valeureux Robin des Bois ou un introverti suicidaire. Peu importe. Il n'est jamais malhabile ou incompétent, et la preuve est faite que le Bien peut vaincre le Mal. Le héros a déjà largement démontré sa valeur et sa capacité à offrir sa vie pour le rachat de nos faiblesses.

Le western reprend à sa façon certains thèmes familiers de la littérature épique européenne et ses

***L'homme qui tua Liberty Valance,* 1962**

James Stewart et John Wayne se font les gardiens de la justice et de l'amitié contre Liberty Valance, un hors-la-loi au service de riches propriétaires terriens dans le *Wild West*.

THE MAN WHO SHOT LIBERTY VALANCE, ÉTATS-UNIS, 1962, RÉALISATEUR : JOHN FORD • COLLECTION CINÉMATHÈQUE QUÉBÉCOISE, Nº 1994.5542.PH

L'attaque du grand rapide, 1903

Ce film de 12 minutes est considéré comme étant une œuvre fondatrice du genre western dans le cinéma américain en raison de ses thèmes et de son rythme rapide. Il met en vedette le premier cow-boy de l'écran, l'acteur Broncho Billy Anderson. Le film prend à partie son public jusqu'à la dernière scène, car il se termine sur un gros plan de George Barnes tirant un coup de fusil vers la salle !

THE GREAT TRAIN ROBBERY, ÉTATS-UNIS, 1903, RÉALISATEUR : EDWIN S. PORTER • COLLECTION CINÉMATHÈQUE QUÉBÉCOISE, Nº 1994.3618.PH

héros revivent à leur manière les exploits du Cid, de Lancelot, du preux chevalier Rolland ou encore des vedettes de la guerre de Troie, Hector et Achille. Le récit classique du western ressemble à la Passion de Jésus et sa formule n'est pas très originale ; il s'agit d'une guerre sainte. C'est toujours un peu la même histoire, mais c'est avant tout une très bonne histoire, qui offre le modèle absolu de la narration linéaire parfaite avec un début, un milieu et une fin, une mise en place des personnages et des principaux enjeux suivie d'une montée progressive du suspense et de sa glorieuse résolution dans un dénouement-climax qui assurera la satisfaction générale (malgré le déplaisir de savoir que ce dénouement annonce la fin de l'enchantement).

L'histoire racontée semble parfaitement prévisible et c'est justement là son plus grand attrait. Un bon mythe doit être permanent, répétitif et immuable tout en garantissant l'émerveillement perpétuel. Rien ne ressemble davantage à un western d'autrefois qu'un nouveau western. Il suffit de changer les acteurs et tout recommence. Le connaisseur n'attend surtout pas de surprise quant au mobile ou à l'issue du récit. Le western était voué à acquérir le statut de mythe et ses amateurs ont rapidement adopté l'allure de fidèles participants à un rite à qui l'on a fait la promesse que l'histoire sera conforme à leurs attentes et que l'enchantement sera assuré. Les formes du spectacle sont figées dans des décors connus et des formules qui allaient devenir classiques : bagarre dans le saloon, chevauchée dans la plaine, duel dans la rue principale, attaque du train et ainsi de suite. Ces scènes ont été vues cent fois, mais on les reverrait demain encore avec plaisir. Comme dans la *commedia dell'arte,* c'est toujours la même intrigue et les personnages, déjà familiers, sont chaque fois retrouvés avec la même joie, pour les mêmes raisons qui incitent les fidèles à assister régulièrement à la messe ou à lire des contes de fées à la recherche d'une émotion profonde parfois suscitée par l'hypnose des incantations répétitives.

Il peut être très agréable de revisiter de temps à autre le spectacle d'un monde où l'ambiguïté et la confusion disparaissent et dans lequel, sous la pression de l'adversité, l'essentiel refait surface. Un monde dans lequel les questions complexes sont clarifiées, ce qui permet au gris de redevenir blanc et noir. Il est donc absolument nécessaire de bien marquer la méchanceté de l'ennemi pour ensuite pouvoir s'offrir, ne serait-ce que l'espace d'un instant, le plaisir immense de voir l'incarnation du Mal absolu être abattue et tomber face première dans la poussière. Dans la vraie vie, de telles occasions sont rares !

Dans le merveilleux monde du western, les problèmes sont résolus par l'action de personnages héroïques qui réussissent chaque fois à trouver la bonne solution. Violente et facile peut-être, mais une solution. Cela aussi est assez rare dans la vie de tous les jours. Et le drame respecte un sens profond de la justice et des convenances qui fournit au citoyen honnête – qui travaille bien et n'a jamais apprécié le vice et la paresse mais qui conserve néanmoins un goût plus ou moins avouable pour le carnage et la cruauté – une façon de se rassurer et de croire que sa vie, dans le fond, a beaucoup de sens.

Cela dit, tout est dans la manière et l'univers du western n'est pas que reprise et répétition des moralités anciennes. Il a aussi inventé ses formes propres et nouvelles qui souvent dépassent et quelquefois améliorent les récits épiques d'autrefois.

***Le train sifflera trois fois,* 1952**

Western par excellence, ce film met en vedette le silencieux mais courageux shérif (Gary Cooper) qui choisit vaillamment de rester en ville affronter le Méchant plutôt que de s'envoler en lune de miel avec sa jeune épousée (Grace Kelly).

AFFICHE • LITHOGRAPHIE • 160,2 X 119,7 CM • *HIGH NOON,* ÉTATS-UNIS, 1952, RÉALISATEUR : FRED ZINNEMANN • ETS MARTIN, FRANCE • COLLECTION CINÉMATHÈQUE QUÉBÉCOISE, Nº 1988.3094.AF

PAGES SUIVANTES :

***In Without Knocking,* Charles M. Russell, 1909**

HUILE SUR TOILE, DÉTAIL • 54 X 81 CM • AMON CARTER MUSEUM, FORT WORTH, TEXAS, Nº 1961.201

LES PRODUCTIONS STANLEY KRAME
présentent
GARY COOPER
GRACE KELLY
dans
LE TRAIN SIFFLERA TROIS FOIS
avec THOMAS MITCHELL . LLOYD BRIDGES . KATY JURADO
Mise en scène : FRED ZINNEMANN
Le film qui a lancé la fameuse chanson
"SI TOI AUSSI, TU M'ABANDONNES"

T.S. LINDER
POST
CMRussell
1909

THE HOFFMAN BAR
HOTEL
LICENSED GAMBLING
$1000
REWARD FOR

L'infinie solitude du héros

Alors que les Méchants vivent souvent en groupes, il est essentiel que le héros soit seul. Il arrive en solitaire, se bat seul contre tous ses adversaires et quitte discrètement vers d'autres horizons qui se prolongent vers le soleil couchant. Bref, il se dirige inlassablement seul vers l'Ouest, vers une nouvelle frontière qui n'est pas encore pacifiée et cela jusqu'à la fin des temps et jusqu'au bout du monde, c'est-à-dire, le Pacifique.

Parfois, au début, on le découvre travaillant sur une ferme, l'époux tranquille d'une paysanne mère de deux ou trois enfants. Mais ça ne peut durer. Le héros ne s'attache pas et ne s'arrête jamais longtemps. Dès que la rumeur annonce le retour en ville des Méchants et, du coup, le risque considérable que ce retour implique pour la communauté, il retrouve son vieux pistolet et reprend du service, malgré les protestations de son épouse à qui il avait pourtant juré que sa vie de justicier était bel et bien terminée. Il délaisse son rôle de père pour accepter celui de protecteur paternaliste de la communauté. De la même manière, chaque fois qu'à la fin du drame le héros vainqueur décide de changer de vie en se faisant fermier paisible et sédentaire, personne n'y croit vraiment, car on sait qu'à la prochaine occasion, il saura de nouveau se montrer à la hauteur.

***Lucky Luke. La Ballade des Dalton,* 1978**

Lucky Luke ne faisait qu'une bouchée de « ses » Dalton. Ils n'ont en effet jamais pu réussir un mauvais coup sans que le justicier ne les prenne en flagrant délit, contrairement aux « vrais » frères Dalton, qui en ont terrorisé plusieurs avant que deux d'entre eux se fassent éliminer par des citoyens en rogne. Les Dalton de la réalité ont été cinq frères, l'un d'eux (Frank) étant mort dans la force de l'âge en exerçant son métier de... marshal ! Les vrais et les faux Dalton ont tout de même un point en commun : la mâchoire.

AFFICHE • AFFICHISTE : MORRIS • *LUCKY LUKE. LA BALLADE DES DALTON,* FRANCE, BELGIQUE, 1978, RÉALISATEURS : RENÉ GOSCINNY, MORRIS • COLLECTION CINÉMATHÈQUE QUÉBÉCOISE, Nº 1998.0810.AF

***Les Cavaliers,* 1959**

AFFICHE • 104.5 X 68,7 CM • *THE HORSE SOLDIERS,* ÉTATS-UNIS, 1959, RÉALISATEUR : JOHN FORD • CINÉMATHÈQUE QUÉBÉCOISE, Nº 1988.4660. AF • PHOTO : JACQUES LESSARD

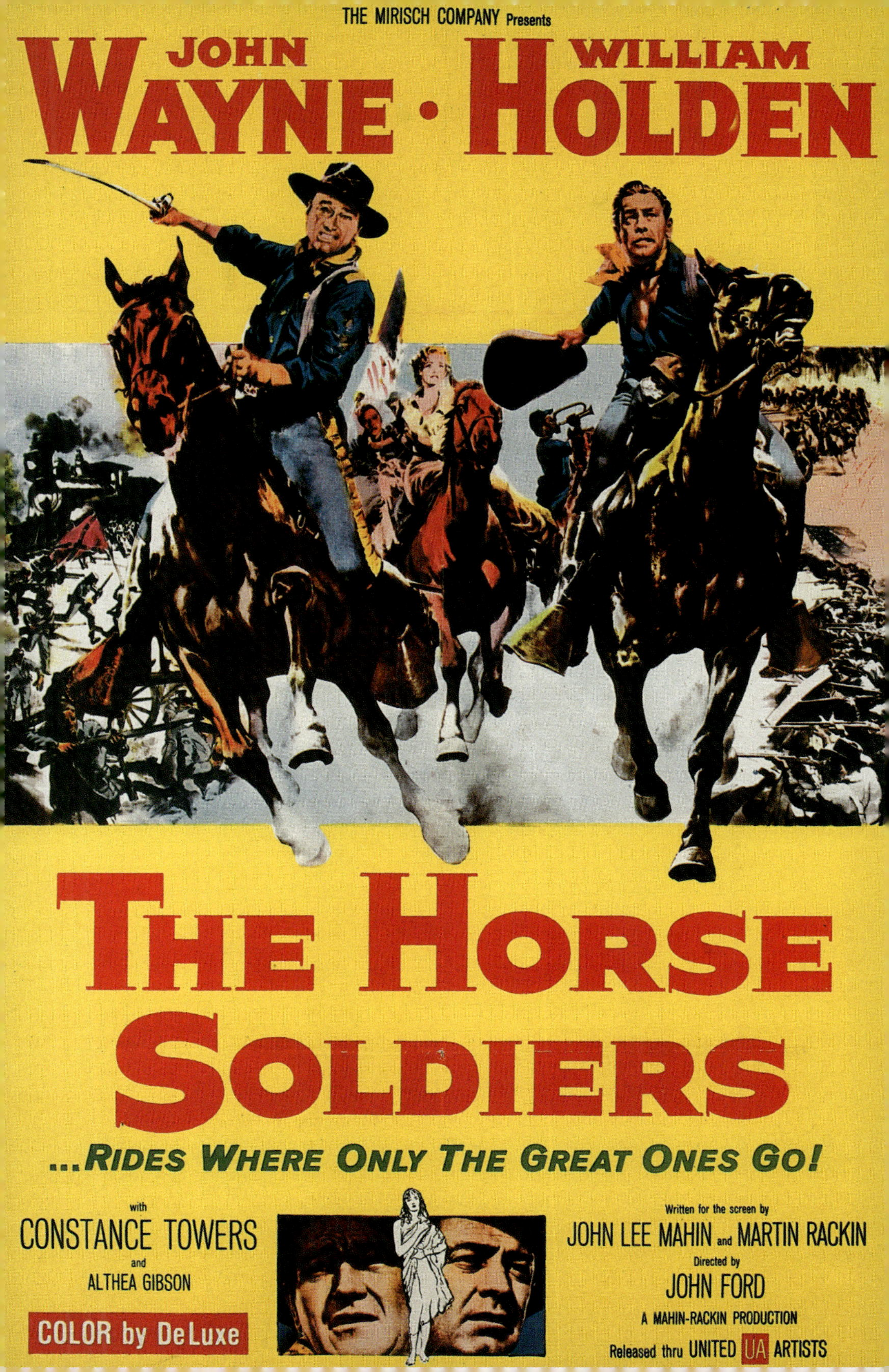
THE MIRISCH COMPANY Presents
JOHN WAYNE · WILLIAM HOLDEN
THE HORSE SOLDIERS
...RIDES WHERE ONLY THE GREAT ONES GO!
with
CONSTANCE TOWERS
and
ALTHEA GIBSON
COLOR by DeLuxe
Written for the screen by
JOHN LEE MAHIN and MARTIN RACKIN
Directed by
JOHN FORD
A MAHIN-RACKIN PRODUCTION
Released thru UNITED UA ARTISTS

Le héros typique est démuni. Il ne semble pas posséder de résidence permanente, n'a pas d'emploi connu et tout indique que ses biens se limitent à son cheval, à une selle, à une carabine et un pistolet, à une seule paire de bottes et à un habit unique qui ne le quitte jamais. Il n'est attaché ni au sol ni à l'argent. Ses relations aux femmes sont souvent tortueuses (nous y reviendrons), mais il est clair qu'il refuse toute forme d'engagement durable. Son jeu à lui, c'est l'engagement total au moment critique. Quand viendra le danger, il sera seul pour l'affronter. En revanche, on ne peut lui demander d'entrer dans la monotonie de la vie routinière. Par définition, le héros doit être un étranger, du moins il n'est pas comme tout le monde.

Le héros est souvent sans âge et il n'a pas d'histoire. Il a beaucoup vécu, c'est certain, mais cela lui a permis d'acquérir de la sagesse sans pour autant l'encombrer d'un récit de vie ou d'anecdotes personnelles. Le héros n'a jamais eu de mère, on ne lui connaît pas de famille et aucun beau-frère ne viendra le sortir du pétrin. On le soupçonne parfois d'être lui-même un ancien hors-la-loi repenti ; il s'en confessera dans les bras d'une prostituée, mais les détails exacts ne seront jamais connus.

Le héros parle peu. C'est le personnage par excellence du cinéma muet. De fait, il ne parle pratiquement à personne. Et comme la parole et la communication constituent les fondements de tous les rapports sociaux, il a plutôt l'air d'un asocial. Quand on lui demande pourquoi il fait ce qu'il fait, il répond seulement « Il faut ce qu'il faut » ou « Il fallait bien que quelqu'un le fasse ». Il n'est pas question pour lui d'impliquer les autres dans ce qui sera sans doute une sale affaire.

Il n'a pas besoin de contrat, puisqu'il agit sur la base d'une morale fondamentale qui précède les lois et règlements de la société. Il préfère le silence, parce que la situation est déjà limpide et que la parole ne pourrait que la diluer et l'amoindrir. Quand les vrais cow-boys se mettent à parler, c'est pour discuter d'autres choses, faire des blagues ou chanter une chanson triste, sans jamais mentionner l'horreur de ce qu'ils devront vivre demain. Le héros ne fait pas de grands discours pour motiver les gens à l'accompagner dans sa lutte contre la méchanceté. Il sait déjà que tous l'abandonneront demain à ce destin tragique qui exige qu'il affronte seul l'ennemi puisqu'il doit se sacrifier pour eux. Son geste sera à la mesure de sa grandeur d'âme.

Le héros est un personnage solitaire parce qu'il appartient à un monde où la société civile n'est pas encore suffisamment établie. L'Ouest est à peine civilisé et le décor de la pe-

Northfield au Minnesota, vers 1870

En fond de scène, à droite, on aperçoit la First National Bank avec ses arcades. Le 7 septembre 1876, Jesse James et son gang tentèrent sans succès de la dévaliser. Les frères Younger — Bob, Jim et Cole — furent capturés. Jesse et Frank James réussirent pour leur part à s'échapper.

MINNESOTA HISTORICAL SOCIETY, Nº MRF.9NF2/R3 • PHOTO : SUMMER STUDIO

tite ville typique en témoigne par sa caricature minimale de ce qu'une ville doit offrir : à peine un saloon-hôtel-bordel, une banque et un salon de barbier, un magasin général et une boutique où seller son cheval, un bureau de shérif et sa prison, puis un cimetière. Le théâtre du western est une ville où l'on ne trouve que des institutions sociales minimales définies par les besoins élémentaires du cow-boy moyen. Et mis à part le saloon où l'on peut se rendre en groupe, les fonctions de chacune de ces maisons typiques consistent à servir les individus un à un : on ne se fait pas raser en groupe et on est enterré seul, les comptes bancaires sont privés et même le meilleur maréchal-ferrant ne peut

Pat Garrett

Né en 1850, Pat Garrett fut shérif au Nouveau-Mexique. Il doit sa renommée au fait qu'il a réussi en 1881 à abattre son «ami» Billy the Kid. Mais on le connaît aussi pour l'ouvrage qu'il a écrit sur les exploits du fameux hors-la-loi.

DENVER PUBLIC LIBRARY, Nº F24121

ferrer qu'une patte à la fois. Plus important pour la bonne marche d'une société normale, il n'y a aucun gouvernement visible et le respect du bon ordre et de la justice n'est assuré par aucune institution crédible. Il n'y a pas de policiers ni de cours de justice, seulement, parfois, un shérif solitaire qui joue alors le rôle de héros.

Tous les récits le répètent sans cesse, l'Ouest est un monde de violence gratuite où l'on tue, viole et massacre ouvertement et en toute impunité. La situation est chaotique et c'est justement ce qui fournit au héros justicier l'occasion de s'élever au-dessus de l'anarchie ambiante. Il vient faire la preuve que, même dans les pires conditions, le Bien réussira à vaincre le Mal. Entre-temps, le western amorce le début du contrôle de cette violence sauvage en instaurant une limite minimale mais très stricte : le train sifflera exactement trois fois et arrivera à midi pile, tout sera résolu avant le coucher du soleil, les duellistes tireront au douzième coup de l'horloge ou au moment où se termine la mélodie produite par la montre de poche, le face-à-face aura lieu précisément dans l'enclos du OK Corral. Le drame se situe hors du temps, mais le vainqueur sera celui qui dégaine un centième de seconde plus rapidement. C'est prévu, l'action sera réglée. Il y aura inévitablement violence, mais sans désordre.

La nostalgie et la noblesse

Alors que le Méchant rit souvent avec cynisme mais de bon cœur, le héros a plutôt l'air triste. Tout au long de son aventure, il demeure sérieux et sourit à peine. On soupçonne un sombre secret enfoui quelque part dans le mystère de son passé inavoué. Quoi qu'il en soit, le héros demeure profondément mélancolique. Il affiche la tristesse de ceux qui en ont vu d'autres. Ce n'est pas la première fois qu'il devra frôler la mort et il sait que dans un duel de gladiateurs on ne peut finir deuxième et que l'un ou l'autre y laissera sa vie. Il est un survivant qui aurait pu ne pas survivre il y a longtemps et il sait qu'il doit aujourd'hui se compter chanceux d'être encore là. Le héros est triste aussi parce qu'il a perdu l'espoir d'être aidé par ces gens ordinaires qu'il a la mission de protéger. Quand viendra le moment de faire face aux Méchants, ces gens iront se cacher. Ils auront peur et se montreront médiocres. Puis, quand tout sera terminé, il sait qu'après l'avoir vu risquer sa vie, ces gens retourneront à leur routine tranquille.

Il ne vient pas d'une autre planète et n'est pas tombé dans la marmite de potion magique en bas âge. Son personnage ressemble davantage au chevalier du Moyen Âge, un tueur qui travaillait pour les bonnes causes et dont la violence était bénie par l'Église et sanctionnée par les autorités. Le western fait mille fois la preuve que la violence est tolérable et que tous ses acteurs sont des assassins en puissance. De fait, le héros est également conscient qu'entre lui et le Méchant, la distance n'est pas si grande. Les deux tirent vite, ils sont courageux au point de paraître arrogants, ils sont résolus et se savent talentueux. Leur ressemblance frôle la confusion : ils sont tous deux nettement au-dessus du commun, tous deux disposés à accomplir les plus sales besognes. Il s'agit de personnages d'exception, les acteurs dominants d'un drame qui, pour être captivant, exige un conflit entre forces à peu près égales. Le héros est certain de mener une guerre sainte et de combattre pour la bonne cause, mais il sait aussi qu'un rien suffirait pour inverser les rôles ; les exemples de hors-la-loi repentis et de justiciers corrompus sont d'ailleurs monnaie courante. L'équipement et le nombre jouent en faveur des Méchants, le courage et la détermination sont comparables, et c'est donc parce qu'il défend le Bien que le Bon sera victorieux.

Jouer sa vie, 1982

Camille Coudari, qui réalise ce film avec Gilles Carle, est un maître des échecs au Canada. Le film dépasse le genre documentaire pour offrir un certain suspense et établir des liens entre les échecs et la situation sociale, en passant par le western et la philosophie américaine.

AFFICHE • OFFSET • 63,60 X 43,60 CM • AFFICHISTE : MAURICE ROY • *JOUER SA VIE*, QUÉBEC, 1982, RÉALISATEURS : GILLES CARLE ET CAMILLE COUDARI • COLLECTION CINÉMATHÈQUE QUÉBÉCOISE, Nº 1988.0872.AF • OFFICE NATIONAL DU FILM DU CANADA, COLLECTION ONF

Mais le héros connaît bien son métier et il se sait vulnérable. Capable des plus grands exploits, il demeure néanmoins un gars ordinaire. Tôt ou tard, on pourrait l'abattre. Un affreux lâche pourrait même le tuer d'une balle dans le dos. C'est ainsi que sa mélancolie se projette sur l'avenir. Il sait bien que, tôt ou tard, il devra affronter un adversaire plus jeune, plus rapide ou plus doué. Le temps passe et il vieillit. On le sent parfois fatigué de devoir reprendre inlassablement cet interminable combat contre le Mal. Il est conscient qu'un jour il lui faudra déclarer forfait et, le temps venu, il assistera à la relève et se verra remplacer par un cadet. Il en éprouvera un très profond sentiment de pitié.

Mais il sait aussi que le monde qui lui permet de jouer au héros est un monde condamné et déjà en voie de disparition. Lui, le nomade, est venu protéger des sédentaires et, demain, arriveront dans l'Ouest le chemin de fer et les avocats, les entrepreneurs en tous genres, les agents d'assurance et les vrais corps policiers syndiqués. Ce sera alors l'instauration de la société organisée qui tolère mal le lynchage rapide et les duels sur la place publique. Les shérifs de l'avenir ne pourront plus se faire justice sans d'abord s'adresser à un juge et tenir procès. Le combat épique entre le Bien et le Mal tire à sa fin. Bientôt, la justice deviendra administrative et tout sera moins facile et moins certain. Bientôt, il y aura des écoles dans l'Ouest, les fermiers pourront compter sur l'assurance-récolte et un fleuriste ouvrira boutique entre le saloon et la prison.

Le combat du héros de l'Ouest ne représente pas la lutte courageuse d'un individu contre l'injustice du système. C'est avant tout le combat de la valeur fondamentale de l'être humain honorable en l'absence de tout système social organisé. Il offre l'image admirable du courage de celui qui réussit à vaincre la violence du chaos primaire. Il fait la preuve qu'en l'absence des guides et garde-fous habituels de la société civile, l'être humain peut se montrer bon. Voici un homme qui a beaucoup vécu et qui en a vu d'autres, un héros qui connaît le fond de l'histoire et la réalité des êtres, mais qui refuse de se laisser gagner par le découragement.

Autre source de tristesse, le héros est entouré de gens ordinaires qui aspirent au progrès et qui veulent mettre fin à la violence, contrairement à lui qui connaît bien la dureté du monde et qui croit qu'il est absurde de la nier parce que la violence existe et que l'on n'y peut rien. Mais il sait aussi que cette violence élémentaire et directe dont il est le maître disparaîtra sous peu en même temps que certaines valeurs fondamentales. Il sait que l'avenir n'offrira aucune place au héros qu'il est et qu'il devra se chercher un emploi, comme les Amérindiens, dans une quelconque troupe ambulante de spectacles de foire. Il devra désormais vivre avec l'infinie tristesse de ceux qui savent qu'ils n'ont plus le droit d'exister.

Le héros ne réussit jamais à résoudre le dilemme entre, d'une part, sa quête d'une société libre et sans contrainte et, d'autre part, cette grande fatigue qui le pousserait plutôt à tout abandonner pour enfin trouver un peu de repos. Il hésite mais demeure perpétuellement troublé parce qu'il ne trouve d'autre justification à ses gestes que le simple fait que l'injustice est intolérable. Il n'a aucune confiance dans les représentants de l'autorité qui arriveront bientôt et ce n'est pas lui qui se portera candidat à la prochaine élection.

Son combat est une ultime affirmation de principe de la part d'un homme qui se considère comme le dernier des héros dans un univers où l'honneur avait encore un sens. Sa démarche est élégante, ses gestes sont ceux d'un gentilhomme et son allure générale est transcendante. Bien au-delà du style et de l'élégance profonde, il personnifie la noblesse. Une noblesse qui n'est cependant pas un privilège social ni le résultat d'une bonne éducation. Elle est davantage la dignité fondamentale de l'être humain qui sait vivre. Le héros demeure toujours honorable. Même lorsqu'il est confronté aux pires conditions de l'existence, ses intentions restent pures et son jugement moral, inébranlable. Voilà pourquoi le héros pourrait mourir et, malgré cela, remporter la victoire. De fait, on sent qu'il serait capable de réussir la chose la plus difficile au monde : mourir avec dignité.

Pour le lecteur ou le spectateur de ces drames épiques, le bonheur de contempler et de partager un peu de cette grandeur d'âme, au point de sentir en soi quelques relents de cette admirable noblesse humaine, suffit amplement à justifier le plaisir, un siècle plus tard et à des milliers de kilomètres de là, de participer au mythe en se procurant quelque habit ou une paire de bottes aux allures « country ».

Les funérailles d'un cow-boy, entre 1890 et 1910

Accompagnés de leur monture, l'attitude solennelle et le chapeau à la main en signe de profond respect, les cow-boys accompagnent un ami dans son dernier voyage.

DENVER PUBLIC LIBRARY, Nº Z-155

Pendaison de Frank McManus à Minneapolis, 28 avril 1882

Dans l'Ouest américain du XIXe siècle, il arrivait que les citoyens s'improvisent justiciers, comme ici, où ils ont pris de force une prison pour pendre un homme accusé de viol.

MINNESOTA HISTORICAL SOCIETY, Nº HV 8.14/R4 • PHOTO : H.R. FARR

Le cadavre de Jesse James, 1882

Recherché en tant que hors-la-loi pendant près de la moitié de sa vie, Jesse James meurt d'une balle dans le dos à l'âge de 35 ans aux mains d'un de ses propres hommes qui le trahit pour cueillir la rançon de 10 000 dollars.

KANSAS STATE HISTORICAL SOCIETY • PHOTOGRAPHE ANONYME

Wyatt Earp, vers 1885

Wyatt Earp a longtemps été considéré comme le marshal le plus courageux des villes célèbres du Far West. Mais avant de faire régner la loi à Tombstone, il était devenu maître tricheur au jeu. Certains archivistes soutiennent que l'histoire du héros de Tombstone a été inventée de toutes pièces par celui-ci, car aucune trace n'atteste aujourd'hui de sa présence dans la ville à cette époque.

COURTESY ARIZONA HISTORICAL SOCIETY, Nº AHS 1447

PAGES SUIVANTES :

The Hold Up, Charles M. Russell, 1899

Dans cette œuvre de Russell, plusieurs personnages de la mythologie du Far West sont représentés : le hors-la-loi qui tient les victimes en joue, la faible femme, le commerçant fortuné... Russell savait bien recréer le climat chaotique qui régnait alors dans l'Ouest.

HUILE SUR TOILE • 81 X 130 CM • AMON CARTER MUSEUM, FORT WORTH, TEXAS, Nº 1961.212

20 MILES TO
DEADWOOD
$1000
FOR
Big Nose George

USM

Le *Wild West Show* de Buffalo Bill, entre 1900 et 1913

Née Ann Mosey, dans l'Ohio, Annie Oakley adopte son nom de scène quand elle débute sa carrière de tireuse d'élite. Elle épouse à la même époque Frank Butler, grand tireur d'élite aussi, qu'elle réussit à battre dans une compétition à Cincinnati, en 1881. À l'âge de 25 ans, en 1885, Annie Oakley est recrutée par Buffalo Bill pour se joindre à son fameux *Wild West Show* (1882-1913). C'est alors qu'elle rencontre des hommes de l'Ouest pour la première fois de sa vie. Au *Wild West Show,* elle se retrouve en compagnie du grand chef lakota Sitting Bull. On dit qu'elle était indépendante de caractère et qu'elle maniait le fusil et le revolver de manière exceptionnelle.

DENVER PUBLIC LIBRARY, Nº NS-245 • PHOTO : ELMER ROSE PHOTOGRAPHY

La Rana Nel Wild West, vers 1902

Le *Wild West Show* de Buffalo Bill présentait la reconstitution de plusieurs événements qui ont secoué l'Ouest, dont la bataille de Little Bighorn, avec comme acteur Sitting Bull lui-même interprétant son propre rôle. Les représentations du *Wild West Show* furent présentées un peu partout dans le monde, notamment en Italie comme peut en témoigner cette affiche publicitaire.

AFFICHE • LITHOGRAPHIE • 98 X 66 CM • BUFFALO BILL HISTORICAL CENTER, CODY, WYOMING, Nº 1.69.464

Buffalo Bill and Crow Chief Plenty Coups, vers 1917

Parade dans la ville de Cody, Wyoming.

WESTERN HERITAGE CENTER

STAB. TIP. LIT. A. NOE', BOLOGNA
LA RANA NEL WILD WEST
Giornale Umoristico Politico
Esce in Bologna tutti i Venerdì Cent. 10

Buffalo Bill et les Indiens, **1976**

Dans ce film, Robert Altman traite avec humour du rôle du show-business dans la création de légendes. Il prend pour exemple le *Wild West Show* de William Frederick Cody alias Buffalo Bill. Paul Newman y joue le rôle de Buffalo Bill et Geraldine Chaplin celui d'Annie Oakley, incomparable tireuse d'élite.

BUFFALO BILL AND THE INDIANS OR SITTING BULL'S HISTORY LESSON, ÉTATS-UNIS, 1976 • RÉALISATEUR : ROBERT ALTMAN. COLLECTION CINÉMATHÈQUE QUÉBÉCOISE, N° 1994.1339.PH.

ROBERT ALTMAN
PAUL NEWMAN
BUFFALO BILL
ET LES INDIENS
BUREAU DE SURVEILLANCE DU CINÉMA
DINO DE LAURENTIIS présente
PAUL NEWMAN dans
une production DAVID SUSSKIND
Un film de ROBERT ALTMAN
BUFFALO BILL ET LES INDIENS
avec GÉRALDINE CHAPLIN · avec BURT LANCASTER
Scénario de ALAN RUDOLPH et ROBERT ALTMAN · D'après le livre "INDIANS" de ARTHUR KOPIT
Produit et dirigé par ROBERT ALTMAN · Producteur exécutif DAVID SUSSKIND
PANAVISION® · Distribué par S.N. PRODIS

Ben Bowie and his Mountain Men, 1959

Les *dime novels,* ces romans à dix sous vendus dans les kiosques à journaux tout comme dans les librairies, traitaient les thèmes de l'Ouest de façon très élargie, comme le démontre celui-ci, mettant en vedette un *mountain man*. Le premier *dime novel* voit le jour en 1860. Ces romans nouveau genre représentent alors les goûts, les valeurs et les stéréotypes américains de l'époque. Certains prétendent même que le *dime novel* signifie pour la première fois le rejet des modèles traditionnels de la littérature européenne pour faire place au style typiquement américain.

ROMAN À DIX SOUS • NEW YORK, DELL PUBLISHING CO., Nº 17 • MUSÉE DE LA CIVILISATION • PHOTO : JACQUES LESSARD

Roy Rogers Comics, 1948

Roy Rogers exploitait les nombreuses possibilités de la mise en marché, depuis les vêtements pour enfants identifiés à son nom jusqu'à sa propre bande dessinée. Le cow-boy chantant a ainsi su profiter de sa popularité par d'autres moyens que sa musique.

ROMAN À DIX SOUS. NEW YORK • DELL PUBLISHING CO., VOL. 1, Nº 12 • MUSÉE DE LA CIVILISATION • PHOTO : JACQUES LESSARD

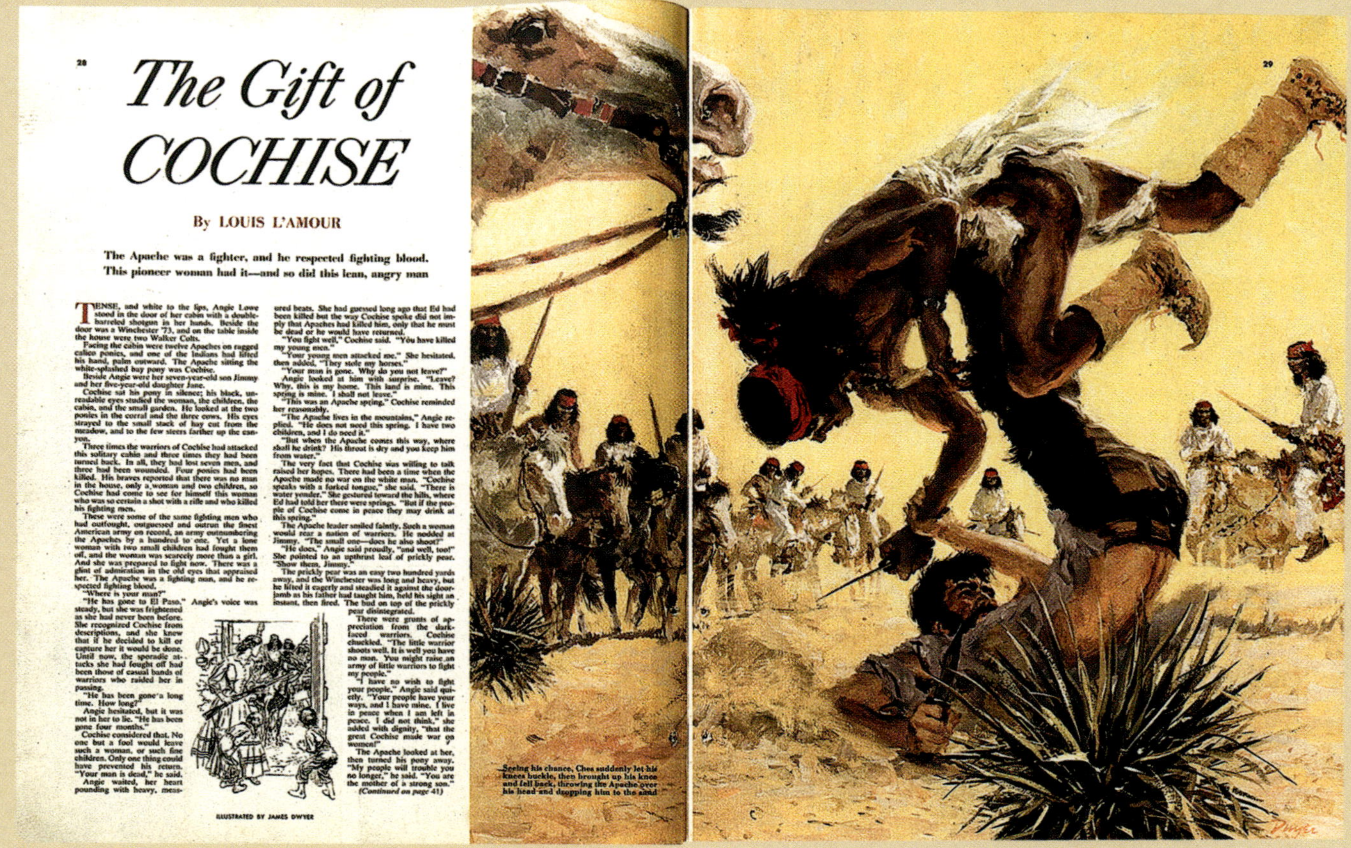

28

The Gift of COCHISE

By LOUIS L'AMOUR

The Apache was a fighter, and he respected fighting blood. This pioneer woman had it—and so did this lean, angry man

TENSE, and white to the lips, Angie Lowe stood in the door of her cabin with a double-barreled shotgun in her hands. Beside the door was a Winchester '73, and on the table inside the house were two Walker Colts.

Facing the cabin were twelve Apaches on ragged calico ponies, and one of the Indians had lifted his hand, palm outward. The Apache sitting the white-splashed bay pony was Cochise.

Beside Angie were her seven-year-old son Jimmy and her five-year-old daughter Jane.

Cochise sat his pony in silence; his black, unreadable eyes studied the woman, the children, the cabin, and the small garden. He looked at the two ponies in the corral and the three cows. His eyes strayed to the small stack of hay cut from the meadow, and to the few steers farther up the canyon.

Three times the warriors of Cochise had attacked this solitary cabin and three times they had been turned back. In all, they had lost seven men, and three had been wounded. Four ponies had been killed. His braves reported that there was no man in the house, only a woman and two children, so Cochise had come to see for himself this woman who was so certain a shot with a rifle and who killed his fighting men.

These were some of the same fighting men who had outfought, outguessed and outrun the finest American army on record, an army outnumbering the Apaches by a hundred to one. Yet a lone woman with two small children had fought them off, and the woman was scarcely more than a girl. And she was prepared to fight now. There was a glint of admiration in the old eyes that appraised her. The Apache was a fighting man, and he respected fighting blood.

"Where is your man?"

"He has gone to El Paso." Angie's voice was steady, but she was frightened as she had never been before. She recognized Cochise from descriptions, and she knew that if he decided to kill or capture her it would be done. Until now, the sporadic attacks she had fought off had been those of casual bands of warriors who raided her in passing.

"He has been gone a long time. How long?"

Angie hesitated, but it was not in her to lie. "He has been gone four months."

Cochise considered that. No one but a fool would leave such a woman, or such fine children. Only one thing could have prevented his return. "Your man is dead," he said.

Angie waited, her heart pounding with heavy, measured beats. She had guessed long ago that Ed had been killed but the way Cochise spoke did not imply that Apaches had killed him, only that he must be dead or he would have returned.

"You fight well," Cochise said. "You have killed my young men."

"Your young men attacked me." She hesitated, then added, "They stole my horses."

"Your man is gone. Why do you not leave?"

Angie looked at him with surprise. "Leave? Why, this is my home. This land is mine. This spring is mine. I shall not leave."

"This was an Apache spring," Cochise reminded her reasonably.

"The Apache lives in the mountains," Angie replied. "He does not need this spring. I have two children, and I do need it."

"But when the Apache comes this way, where shall he drink? His throat is dry and you keep him from water."

The very fact that Cochise was willing to talk raised her hopes. There had been a time when the Apache made no war on the white man. "Cochise speaks with a forked tongue," she said. "There is water yonder." She gestured toward the hills, where Ed had told her there were springs. "But if the people of Cochise come in peace they may drink at this spring."

The Apache leader smiled faintly. Such a woman would rear a nation of warriors. He nodded at Jimmy. "The small one—does he also shoot?"

"He does," Angie said proudly, "and well, too!" She pointed to an upthrust leaf of prickly pear. "Show them, Jimmy."

The prickly pear was an easy two hundred yards away, and the Winchester was long and heavy, but he lifted it eagerly and steadied it against the doorjamb as his father had taught him, held his sight an instant, then fired. The bud on top of the prickly pear disintegrated.

There were grunts of appreciation from the dark-faced warriors. Cochise chuckled. "The little warrior shoots well. It is well you have no man. You might raise an army of little warriors to fight my people."

"I have no wish to fight your people," Angie said quietly. "Your people have your ways, and I have mine. I live in peace when I am left in peace. I did not think," she added with dignity, "that the great Cochise made war on women!"

The Apache looked at her, then turned his pony away. "My people will trouble you no longer," he said. "You are the mother of a strong son."

(Continued on page 41)

ILLUSTRATED BY JAMES DWYER

29

Seeing his chance, Ches suddenly let his knees buckle, then brought up his knee and fell back, throwing the Apache over his head and dropping him to the sand

The Gift of Cochise, 1952

D'origines française et irlandaise, Louis L'Amour, l'auteur, a toujours prétendu que ses ancêtres étaient des pionniers, des cow-boys, des héros de l'Ouest. Il commence sa carrière dans les *pulps* ; on trouve ses romans en librairie comme chez les marchands de journaux. L'Amour y cultive l'idée du plus fort qui survivra et du faible qui n'y parviendra pas, et y dépeint les aventures légendaires et violentes de la Frontière. Les Sackett, héros d'une saga, sont de valeureux pionniers, des découvreurs et des combattants des Indiens. Ces héros ont conscience d'une chose : ils représentent un mode de vie en voie de disparition.

COLLIER'S, NEW YORK, CROWELL-COLLIER PUBLISHING CO., VOL. 130, Nº 1, P. 28-29 • MUSÉE DE LA CIVILISATION • PHOTO : JACQUES LESSARD

Kit Carson, 1970

S'il semble directement sorti de la légende comme plusieurs personnages des *dime novels*, Kit Carson, né en 1809, a bel et bien fait partie de l'histoire de l'Ouest. Trappeur, éclaireur, allié des Indiens et soldat, Kit Carson, le vrai, a notamment servi de guide à l'explorateur John Charles Fremont dans les territoires de l'Oregon et de la Californie, ainsi que dans les Rocheuses. Ce sont d'ailleurs les récits de Fremont qui firent de Carson une légende. Cette légende cache cependant ses moins bons coups, comme le traitement brutal qu'il a infligé aux Navajos. En 1864, après de multiples attaques de Carson, les Navajos se rendirent et il força 8 000 d'entre eux à marcher les 480 kilomètres qui séparaient l'Arizona de Fort Summer, au Nouveau-Mexique, pour les y laisser jusqu'en 1868, isolés et décimés par la maladie.

ROMAN À DIX SOUS • Nº 387, FRANCE, IMPERIA & CO. • MUSÉE DE LA CIVILISATION • PHOTO : JACQUES LESSARD

The Lone Ranger, 1959

Personnage purement fictif, The Lone Ranger est un héros populaire de l'industrie du loisir, de la radio au cinéma et à la télévision, en passant par la littérature illustrée. L'acteur Clayton Moore en a été le principal interprète au cinéma et à la télévision dans les années cinquante. The Lone Ranger cherchait à développer le goût de l'aventure chez les jeunes enfants en leur proposant des valeurs saines. Il ne tue jamais personne… les Méchants se tuent entre eux.

ROMAN À DIX SOUS • NEW YORK, DELL PUBLISHING CO., VOL. 1, Nº 127 • MUSÉE DE LA CIVILISATION • PHOTO : JACQUES LESSARD

Double-Jeu ! Aventures de Cow-boys. Un nouvel exploit de Pit Vercheres, vers 1956

Un cow-boy qui parle français et qui boit du caribou à la place du whisky, étrange non ? C'est Pit Vercheres, le cow-boy canadien-français ! Pit est un homme de loi habile au pistolet et qui n'hésite pas à s'en servir. Il sait « frustrer les embûches, les trucs et les ruses des Indiens, des *outlaws* et des renégats, les ennemis des valeurs qui s'effritent dans l'Est ». Mais ses aventures seraient ternes si Pit n'était pas un séducteur né. Il est galant avec les dames et prêt à venir en aide aux jeunes filles et aux veuves, mais il dénonce celles qui mènent une « mauvaise vie ».

ROMAN À DIX SOUS • MONTRÉAL, ÉDITIONS PRESSE JOURNAL, VERS 1956 • COLLECTION CENTRE DE RECHERCHE EN LITTÉRATURE QUÉBÉCOISE, UNIVERSITÉ LAVAL • PHOTO : JACQUES LESSARD

Davy Crockett, 1956

Né en 1786, Davy Crockett était un chasseur hors pair. Il est entré dans la légende de l'Ouest en 1836, à la suite du vaillant combat qui lui coûte la vie lors du massacre de Fort Alamo, au Texas. Son allure de *mountain man* – il portait une peau de daim et un bonnet de fourrure à queue de raton laveur – a été consacrée par Walt Disney.

MICROSILLON • DISNEYLAND, DF 1005 • © DISNEY ENTERPRISES, INC. • MUSÉE DE LA CIVILISATION • PHOTO : JACQUES LESSARD

Disneyland
HAUTE FIDELITE
DF 1005
GRAND PRIX DU DISQUE 1956
WALT DISNEY
DAVY CROCKETT
Raconté par
FRANÇOIS PÉRIER
avec
SERGE REGGIANI
dans le rôle de
Davy Crockett
Chanson du Film
chantée par
OLIVIER JEANÈS
Musique du disque :
MAURICE JARRE
© RCA Imprimé au Canada

Victor ou La Perche de Loge, chef de la tribu Tête-Plate (à gauche) et page titre représentant Marie Quillax lors de la bataille contre les Corbeaux (à droite), 1846

Pierre-Jean De Smet, jésuite d'origine belge, fut toute sa vie missionnaire engagé dans un travail d'apostolat auprès des Indiens de l'Ouest. Sous l'invitation du gouvernement américain, la compagnie de Jésus fonda sa première mission de l'Ouest en 1823, près de Saint-Louis, au Missouri. De Smet fut un des pionniers de cette mission. Avec les années, les Indiens vinrent à le considérer comme un ami et il servit souvent de diplomate entre eux et le gouvernement fédéral. Ses écrits contribuent à une meilleure compréhension des communautés indiennes qu'il a connues et observées avec soin et enthousiasme.

PAGE TITRE TIRÉE DE P.J. DE SMET, *MISSIONS DE L'ORÉGON ET VOYAGES AUX MONTAGNES ROCHEUSES, AUX SOURCES DE LA COLOMBIE, DE L'ATHABASKA ET DU SASCATSHAWIN*, GAND, VANDER SCHELDEN, 1848 • MUSÉE DE LA CIVILISATION, BIBLIOTHÈQUE DU SÉMINAIRE DE QUÉBEC (FONDS ANCIEN), Nº 236.1 • PHOTO : JACQUES LESSARD

***The Oregon Trail Sketches of Prairie and Rocky Mountain Life,* 1892**

Ce livre de Francis Parkman paraît en 1849. La version de 1892, illustrée ici, constitue la quatrième édition révisée par l'auteur lui-même. Étant historien, il insère dans son récit beaucoup de voyageurs francophones et d'Indiens. Son bras droit est un dénommé Henry Chatillon qui a épousé une Indienne. Ses écrits rappellent ainsi que les francophones sont très présents dans l'aventure de l'Ouest.

FRANCIS PARKMAN, *THE OREGON TRAIL SKETCHES OF PRAIRIE AND ROCKY MOUNTAIN LIFE*, ILLUSTRÉ PAR FREDERIC REMINGTON, BOSTON, LITTLE, BROWN AND CO., 1892 • MUSÉE DE LA CIVILISATION, BIBLIOTHÈQUE DU SÉMINAIRE DE QUÉBEC (FONDS ANCIEN), Nº 303.6 • PHOTO : JACQUES LESSARD

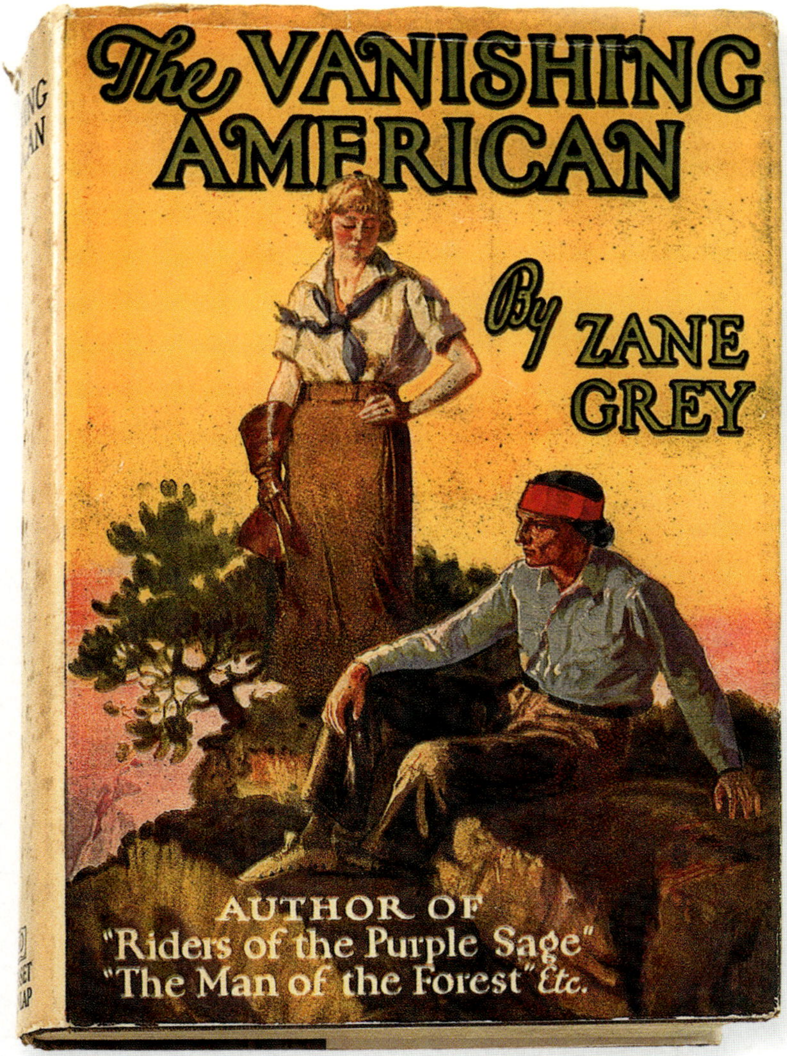

The Vanishing American, 1946

La figure du personnage malade et faible, symbole de la vie urbaine de l'Est, revient souvent dans l'œuvre de Zane Grey. L'Ouest offre la rédemption par ses vertus.

ZANE GREY, *THE VANISHING AMERICAN*, NEW YORK, GROSSET & DUNLAP PUBLISHERS, 1946 • MUSÉE DE LA CIVILISATION • PHOTO : JACQUES LESSARD

Volkswagen Blues, 1984

La littérature québécoise s'est elle aussi intéressée au long périple des pionniers. Dans *Volkswagen Blues,* le personnage principal, un écrivain, entreprend un long voyage qui le mènera de la Gaspésie à San Francisco par la fameuse piste de l'Oregon à bord d'une vieille Volkswagen. Dans ce roman, le lecteur peut revivre le parcours difficile emprunté par les pionniers un siècle et demi auparavant.

JACQUES POULIN, *VOLKSWAGEN BLUES*, MONTRÉAL, QUÉBEC AMÉRIQUE, 1984 • MUSÉE DE LA CIVILISATION • PHOTO : JACQUES LESSARD

CHAPITRE 3

Du cheval et du camion

Ruée vers les terres de Cherokee Outlet, 16 septembre 1893

En mars 1889, le Congrès américain proclame l'*Indian Appropriation Bill* par lequel les terres indiennes de l'Oklahoma passent aux mains du gouvernement fédéral. Le 22 avril de la même année, à 11 h 55, la ruée vers les terres débute et en neuf heures, l'Oklahoma Land Rush transforme environ deux millions d'acres de terres indiennes en milliers de propriétés individuelles de 160 acres.

OKLAHOMA HISTORICAL SOCIETY, Nº 5003 • PHOTO : P.A. MILLER OU THOMAS CROFT

PAGES SUIVANTES :

***Assiniboines à la chasse au bison,* Paul Kane, vers 1851-1856**

Paul Kane a peint ses toiles dans son atelier de Toronto, mais il a puisé son inspiration de ses séjours dans l'Ouest canadien où il a rencontré quantité de tribus autochtones. Il a alors voulu se faire témoin de leurs mœurs. Son œuvre est empreinte d'exotisme et de respect pour les populations qu'il dépeint.

HUILE SUR TOILE • 46 X 73,7 CM • MUSÉE DES BEAUX-ARTS DU CANADA

Le cheval

Serge BOUCHARD

Le cheval ne reçoit pas le mérite qui lui revient. Dans la grande saga des êtres humains, il a pourtant joué un rôle aussi important que la roue, le fusil ou le moteur. Il est aussi à la mesure du feu, de l'électricité ou de la puce électronique. Mais la vraie question reste celle de la mobilité, des voyages et de la course des humains dans le temps et dans l'espace.

Originalement bipède, nous savons tous que l'humain est devenu « fessier ». Il s'est assis sur tout, partout ; il a fini par tout monter, le cheval et ses semblables – les mules, les mulets, les ânes, puis les buffles et les chameaux, voire même les éléphants d'Asie. Voilà la loi du moindre effort, l'allégement, la liberté, l'ouverture des horizons. Voilà le voyagement, l'exploration, la possibilité d'aller voir ailleurs. Nous avons depuis longtemps refilé notre barda aux chevaux. Depuis que nous les montons, ils charrient, ils trottent, ils marchent à notre place. Et, bien sûr, ils courent. Car les chevaux sont des coursiers. Les Mongols ont terrorisé le monde grâce à la rapidité et à l'endurance de leurs chevaux. Et les anciens Chinois ne pouvaient pas se défendre contre eux parce que, justement, ils ne disposaient pas de chevaux d'une telle qualité. Il est difficile d'affronter les cavaliers d'Attila le Hun en montant des bourricots. Au travail, à la guerre, pour le meilleur ou pour le pire, les chevaux allaient devenir les compagnons de notre espèce et contribuer à la rencontre de tous les mondes. Dans la foulée, disons que le cheval entretient des liens extraordinaires à la fois avec l'Amérique, l'humanité et la notion de vaste monde.

Quand nous suivons une espèce dans l'espace, ses mouvements nous surprennent, sa mobilité nous étonne. L'Amérique est immense. Elle avait été le berceau de l'espèce chevaline. Le cheval a bel et bien grandi en Amérique, c'est le cas de le dire. Il y a des millions et des millions d'années, il était petit comme un gros chien. Il a constamment grandi jusqu'à présenter au garrot la hauteur que nous lui connaissons. Une fois sa taille actuelle atteinte, il quitta sa terre natale et entreprit de faire le tour du monde, pour finalement s'installer en Asie, en Afrique et en Europe. Si bien que lorsque les humains en provenance d'Afrique et passant par l'Asie finirent par arriver sur les terres

d'Amérique, il y a plus de 20 000 ans, ils ne trouvèrent pas de chevaux sur le continent. Les chevaux étaient partis, ils avaient fait, en sens inverse, le chemin que les humains venaient de parcourir à pied. Il s'agit là d'un formidable chassé-croisé. L'un, cheval originaire d'Amérique, finit par atteindre les plaines africaines où il se fit zèbre, l'autre, humain originaire d'Afrique, après avoir occupé l'Asie et traversé le détroit de Behring, atteint finalement l'Amérique où il devint l'ancêtre des Indiens.

Dans les histoires respectives de leurs espèces, chevaux et humains se sont donc croisés sans se voir et ils mirent longtemps avant de se réunir. Mais la chose fut faite et la rencontre se perd dans la nuit des temps. En Asie, au Moyen-Orient et en Europe, le cheval se mit au service des humains. Les Mongols vivaient sur leurs chevaux endurants et rapides. Les Arabes en firent autant avec beaucoup de panache. Les Européens ne furent pas en reste en développant des espèces robustes et lourdes. Oui, les races chevalines adoptèrent les styles des cultures et des civilisations. Elles sont parfois raffinées, parfois très musclées ; les chevaux peuvent être petits ou grands, poilus ou pas, rares ou nombreux. La cavalerie est lourde ou bien légère, le cheval est fort comme un bœuf ou racé comme un oiseau qui plane. Il en est des blancs, des roux, des noirs, des mélangés. Les légions romaines n'en avaient pas et elles se déplaçaient à la vitesse du bœuf tandis que les guerriers de Gengis Khān se déplaçaient à la vitesse de l'éclair.

Les chevaux revinrent en Amérique par bateau, avec les Européens. Retour historique, en vérité. Les Amérindiens en restèrent bouche bée. Ils s'effrayèrent en effet de ce gros chien. Car le cheval en impose par sa taille et nous sommes toujours intimidés, aujourd'hui comme hier, quand nous ne sommes pas familiers avec la bête. L'histoire allait cependant suivre son cours. Des Espagnols, des Portugais et les importateurs de chevaux des temps anciens en perdirent beaucoup dans la Nature. Or, cette Nature américaine convenait bien aux chevaux. Avec joie et fougue, probablement, ces chevaux recouvrèrent leur liberté. Ils retournèrent à l'état sauvage où ils prospérèrent de l'île de Sable, dans le golfe du Saint-Laurent, jusqu'au Texas.

Les Amérindiens apprendront vite à les dompter, à les monter et à s'en servir. Il se raconte que ce sont les Comanches qui innovèrent sur ce point. Le cheval allait donner une prospérité sans précédent en augmentant les rendements de la chasse au bison. De 1500 à 1800, ce fut l'âge d'or des Premières Nations de l'Ouest américain. Les frontières furent redéfinies, les événements se précipitèrent. D'une manière ou d'une autre, cette domestication provoqua

une révolution culturelle de grande envergure dans les vastes plaines de l'Ouest et dans l'Ouest en général. Les contacts allaient se multiplier, surtout les guerres. Car il devenait plus tentant de galoper dans la cour des autres et d'empiéter sur des territoires de chasse devenus accessibles. Mais la révolution causée par le cheval annonçait une révolution plus grande encore. L'étranger s'amenait, à cheval lui aussi.

Chariot ancien, vers 1885

Le légendaire Charles Goodnight, un cow-boy devenu grand propriétaire de *longhorns,* a inventé le *chuck wagon* en 1866 pour assurer le confort des cow-boys sur la route. Le *chuck wagon* fut d'abord tiré par des bœufs, puis par des chevaux. C'est le cuisinier qui était chargé de le conduire.

MONTANA HISTORICAL SOCIETY, HELENA, Nº 981-570 • PHOTO : L.A. HUFFMAN

La grande aventure western sera terrestre, elle ne sera pas « canotière ». La première mobilité américaine fut bel et bien une mobilité hydrographique ; les coureurs de bois étaient des coureurs de rivières et de fleuves. L'équipée des voyageurs fut une équipée de rameurs et de portageurs. Mais l'épopée de l'Ouest passera à l'histoire pour son manque d'eau. C'est qu'elle est remplie de ses plaines, de ses prairies et de ses déserts, d'où l'importance du cheval à l'ouest du Mississippi. Il s'agissait de courir les plaines et de se mesurer à la distance.

Dans ce décor qui allait devenir mythique, un homme à pied était un homme mort. Le cheval fera donc partie de l'histoire, il deviendra en fait un personnage central de la légende de l'Ouest. Il sera de tous les ouvrages et de toutes les entreprises. Il devint la monture du postier (Pony Express), la monture des Indiens des plaines, il sera attelé aux diligences des voyageurs, aux chariots et aux charrues des colons, il sera cheval de cavalerie, fera la guerre dans tous les camps, charriera les canons, les provisions, les blessés et ainsi de suite, ce qui le conduira à rassembler le bétail, monté d'un homme particulier, le cow-boy américain, appelé à résumer à lui seul, en son symbole et son esprit, l'ensemble de tout ce qui précède. Le cheval transporte le héros, le bandit, le shérif, le colporteur et tous les autres acteurs de l'Ouest. Il est toujours là, dans l'entourage immédiat du cow-boy, car le cow-boy n'est rien sans lui. Le cow-boy est toujours en déplacement et sa monture est une partie de lui-même.

La diligence Concord, vers 1890

Jusqu'en 1893, la diligence Concord constitue le principal moyen de transport pour plusieurs régions de l'Ouest. Elle avait été créée en 1820 grâce à la compagnie J.-S. Abbot and Son. Jusqu'à 16 passagers pouvaient s'y installer à leur aise, à l'intérieur et sur le toit. Après 1893 lui succède une diligence plus légère, donc plus rapide, mais aussi moins résistante. Ce nouveau modèle est alors réservé aux courtes distances en terrain peu accidenté. Les voyages en diligence n'en étaient tout de même pas rendus moins difficiles : soumis à la poussière, aux intempéries ainsi qu'aux hasards de la route, les passagers arrivaient à destination éprouvés par le voyage. C'étaient les débuts du mal des transports !

MUSÉE COLBY-CURTIS • PHOTO : MUSÉE COLBY-CURTIS

Red Buttes, Wyoming, William Henry Jackson, s.d.

L'ancêtre des fameux services de courrier rapide américains est sans aucun doute le Pony Express, qui promettait une livraison d'un océan à l'autre en 10 jours. Le premier départ se fit simultanément de St. Joseph (Missouri) et de San Francisco (Californie) le 3 avril 1860, pour une épopée de 3 145 kilomètres. Pour un salaire mensuel d'environ 100 dollars, chaque cavalier devait parcourir entre 50 et 80 kilomètres, parfois plus, avant que le suivant prenne le relais. L'avancée des lignes de télégraphe dans tout le continent coïncide avec la fin du Pony Express, après 18 mois d'opération seulement, le 24 octobre 1861, date à laquelle le télégraphe relie les deux côtes.

AQUARELLE • SCOTTS BLUFF NATIONAL MONUMENT, Nº SCBL 148

Le camion

Les pistes de l'Ouest ont été remplacées par les autoroutes. Les États-Unis d'Amérique sont sillonnés de routes dont certaines sont devenues légendaires, telle la route 66. Le cow-boy d'hier a été remplacé par le camionneur de longue distance qui a choisi de vivre sur la route, de gagner sa vie en se faisant routier. Ce nouveau cow-boy, comme celui d'autrefois, refuse de s'attacher à un lieu, à une ville, à une maison, à un travail sédentaire. Il tient à la route comme on tient à sa liberté. Arrivé à Los Angeles, il repart au plus vite vers New York en sachant déjà qu'il repartira pour le Texas ou pour l'Oregon, c'est selon. Le rêve de l'Ouest est toujours vivant dans sa tête et dans ses déplacements.

Ces camionneurs aiment la musique country, ils passent des millions de kilomètres à l'écouter. Et bien que soient nombreux les gens à avoir peur des gros camions sur la route et à présumer que les routiers sont des êtres assez grossiers, il importe de redire que la route pousse, aujourd'hui comme hier, à la réflexion, à la ballade et à la poésie. Les camionneurs se racontent des histoires, ils composent des textes, ils chantent dans leur tête. Le milieu du routier est déjà riche de ses légendes et celles-ci sont indubitablement héritières de l'esprit western.

Le camionneur chérit sa solitude. En fait, il recherche ces longs moments d'isolement sur des routes sans fin où il roule pendant des heures interminables. C'est pour n'être avec personne qu'il aime ce métier. Cependant, quand il s'arrête, il aime aussi la compagnie de ses semblables, des gens qui pensent comme lui, qui vivent comme lui. Dans les *truck stops,* il retrouvera des amis, de la chaleur humaine. Il prendra un repas chaud, un menu simple et familier, il prendra une douche et du repos. Il y aura peut-être aussi des filles. Le *truck stop,* c'est en vérité un saloon, un petit village western en résumé. Mais le routier va repartir, son camion est dans la cour, parmi les autres camions. Comme le cheval qui attendait patiemment son cow-boy à la porte du saloon, les machines ronronnent, les moteurs diesels tournent, les camions sont dans l'attente de reprendre la route.

Les camions sont vivants comme des animaux, variés comme les chevaux. Ils sont plus qu'un simple moyen de transport. Ils deviennent des objets investis d'un pouvoir, ils deviennent une partie de soi-même, une partie essentielle sans laquelle le routier n'est plus rien.

Camion-remorque, Festival western de St-Tite, 2001

Un camion étincelant est la fierté d'un camionneur. Les routiers, grands amateurs de musique country, font figure de cow-boys des temps modernes.

PHOTO : JEAN VACHON

CONS
1-877-435-13
SANS FRAIS
Peterbilt
Véhicules Consignation Récréatifs
Excellence
Peterbilt

Un spécimen imparable, obligé et nécessaire, s.d.

COLLECTION DE SERGE BOUCHARD

Un camion en panne, c'est la petite mort. Les camions ont des visages, un son et un langage, des couleurs, quasiment des attitudes, pour qui sait les regarder. Parfois propres et luisants, parfois sales et fatigués, parfois fringants, ce sont des compagnons. La route, le routier et le camion forment un ensemble qui est le simple prolongement de tout ce qui a fondé l'esprit du cow-boy original. Il faut savoir ce tour qui consiste à tirer un grand profit de la monotonie. Le cheval est routinier et son trot est répétitif. Il en va de même du camion. Une fois installé dans un rythme qui n'est pas le rythme fou de la société en général, voilà que le routier prend le temps de penser.

John Steinbeck disait des camionneurs qu'ils voyageaient à la surface de la nation sans en faire jamais partie. Le poète Walt Whitman a chanté la confrérie des êtres qui vivent sur la route, ces solitaires qui se reconnaissent entre eux par le partage des richesses et des angoisses de la liberté. Et Kerouac avait saisi les liens entre la route et la quête de sens que la vie, autrement, ne risque pas de vous donner.

Le camion sera bête fougueuse ou compère lourd et fidèle. Le camion donne de la perspective, de la hauteur, comme le cheval d'antan. Le camion confère de la sécurité et une sorte de démesure. Il impressionne. Les Aztèques croyaient qu'un conquistadore et son cheval ne formaient qu'une seule créature. Ils avaient peut-être raison. Le camionneur en fait encore aujourd'hui la preuve, lui qui fait corps avec son camion, qui en prend l'allure et le prestige. Le camion a une âme, il a une beauté, du caractère. Sur la route interminable, il est une bulle à méditer, c'est-à-dire une bulle fermée mais suffisamment vitrée pour que le monde vous défile sous les yeux, pour que le ciel infini soit l'horizon de la routine. Le cow-boy a bel et bien l'âme à la méditation. Il parle peu, il parle simplement, mais il pense beaucoup. Tout se passe dans la tête.

Cet aspect méditatif illustre toute la puissance attractive de la route. Comme si nous devions suivre notre voie, trouver notre vérité dans le mouvement lui-même. Monter à cheval pour parcourir de longues distances devait bien provoquer cette sorte d'engourdissement de la pensée, une concentration méditative résultant du mouvement répétitif et monotone, le pas

Glenwood Springs, Grand Junction, Colorado, 1990

PHOTO : PAULINE HAMEL

régulier de la bête et le balancement de l'homme finissant par favoriser une sorte de quiétude de l'esprit. Le camion qui roule produit un effet semblable. Tout converge, le bruit du moteur, la sensation de roulement, le temps qui s'étire, la route qui s'étire encore plus, la solitude.

La philosophie de la liberté et la pratique de l'évasion méditative rejoignent des considérations anciennes, la sagesse taoïste notamment, sagesse qui met la route au centre de sa vision contemplative. Tu roules vers le couchant, tu reviens vers le levant, le mouvement sera répétitif et circulaire. La liberté est routinière, monotone, elle se trouve en soi-même et elle tourne sur elle-même. C'est tout à fait zen. Le routier peut alors porter les bottes de l'ancien cow-boy, il peut porter son chapeau et ses jeans. Il ne fait que poursuivre la tradition.

Marble Canyon, région du Grand Canyon National Park, Arizona, 1990
PHOTO : PAULINE HAMEL

Des participants bien organisés, Festival western de St-Tite, 2001
PHOTO : JEAN VACHON

Power TEN
Je suis en Vacance
Jack De White

C.R. Williams sur Done Gone, Ralph Russell Doubleday vers 1927

Done Gone a été l'un des chevaux de rodéo les plus populaires de la fin de la décennie 1910. De nombreuses personnes se déplaçaient pour le voir à l'œuvre dans des rodéos du Nouveau-Mexique. Il gagna en 1919 le prix du meilleur *bucking horse* du Cheyenne Frontier Days à Cheyenne, au Wyoming.

TEX AUSTINS RODEO, CHICAGO, ILLINOIS • DONALD C. & ELIZABETH M. DICKINSON RESEARCH CENTER, NATIONAL COWBOY & WESTERN HERITAGE MUSEUM, Nº 1979.026.1013

Eddie Curtis sur Five Minutes to Midnight, Ralph Russell Doubleday, vers 1935

Ce bronco astucieux n'a été maîtrisé que 14 fois dans sa carrière, qui s'est étalée sur une vingtaine d'années, se débarrassant vigoureusement de 1 200 à 2 000 cavaliers.

ARDMORE, OKLAHOMA • DONALD C. & ELIZABETH M. DICKINSON RESEARCH CENTER • NATIONAL COWBOY & WESTERN HERITAGE MUSEUM, Nº 1979.026.0736

Selle stock, W.B. Ten Eyck, vers 1889

Cette selle a appartenu à George Kirby, un *rancher* de Kirby sur la Northern Cheyenne Reservation, dans le Montana, de 1889 à 1918. C'est le fondateur de la Kirby Land Cattle Company.

BILLINGS, MONTANA • HAUTEUR INCLUANT LES ÉTRIERS : 101,6 CM ; LONGUEUR : 68,6 CM ; LARGEUR : 40,7 CM • WESTERN HERITAGE CENTER, Nº 82.871A

Sylvain Bourgeois fabriquant une selle, 1997

Sylvain Bourgeois se passionne pour le monde western. En plus d'être très impliqué dans l'organisation du Festival western de St-Tite, il fabrique des selles de *reining,* discipline d'équitation western qui fera partie des prochains Jeux olympiques. Sylvain Bourgeois fabrique entre 20 et 25 selles par année, dont la moitié sont vendues en Europe.

PHOTO : MORGAN BAILLARGEON

Une selle d'apparat de Edward H. Bohlin, 1935

Edward H. Bohlin est né en Suède en 1895. À 15 ans, il fuit en Amérique pour bientôt ouvrir un premier magasin à Cody, au Wyoming. Il déménage à Hollywood, puis vend ses articles western à la vedette de cinéma Tom Mix. Il commence à fabriquer des selles et des boucles de ceintures en argent pour plusieurs stars du cinéma américain. Aujourd'hui basée à Los Angeles, la compagnie Edward H. Bohlin est demeurée sous la direction du Suédois de ses débuts, dans les années vingt, jusqu'à sa mort en 1980.

NATIONAL COWBOY HALL OF FAME & WESTERN HERITAGE MUSEUM, Nº 1982.45.01

Selle de femme (*sidesaddle*), s.d.

Cette selle était spécialement conçue pour les femmes, qui devaient monter en Amazone à cause de leurs robes. Elle leur permettait de s'asseoir en ayant la jambe droite normalement placée sur le côté du cheval pour mettre le pied à l'étrier, et la gauche contournant le pommeau double, assurant ainsi un certain équilibre. Plus tard vint la jupe-culotte qui permit aux femmes de monter à cheval à la manière des hommes.

NATIONAL COWBOY HALL OF FAME & WESTERN HERITAGE MUSEUM, Nº H.142.19

Bonnie McCarroll jetée de Silver, Ralph Russell Doubleday, vers 1915

Bonnie McCarroll a été l'une des *cow-girls* les plus performantes de son époque. Cette photographie d'une mauvaise chute de la *cow-girl* a souvent été injustement attribuée à la chute qui lui fut fatale en 1929, toujours au Pendleton Round Up. C'est ce dernier accident qui servit d'argument aux autorités du rodéo pour retirer le droit aux femmes de concourir dans cette discipline.

PENDLETON, OREGON • DONALD C. & ELIZABETH M. DICKINSON RESEARCH CENTER • NATIONAL COWBOY & WESTERN HERITAGE MUSEUM, Nº 1988.9.1389

Bonnie Gray sautant avec son cheval King Tut par-dessus une automobile, Ralph Russell Doubleday, vers 1935

Née en 1891, Bonnie Jean Gray s'est fait connaître en faisant sauter son cheval King Tut par-dessus une automobile. Elle a été l'une des premières *cow-girls* à descendre sous le ventre de son cheval en plein galop. Grâce à son habileté incomparable à faire ce qu'elle voulait avec un cheval, elle est devenue la doublure de plusieurs vedettes de cinéma western dont Tim McCoy, Tom Mix, Hoot Gibson et Ken Maynard.

DAYS OF 76, DEADWOOD, DAKOTA DU SUD • DONALD C. & ELIZABETH M. DICKINSON RESEARCH CENTER • NATIONAL COWBOY & WESTERN HERITAGE MUSEUM, Nº 1979.026.1347

Tad Lucas sur le cheval Hell Cat, Fort Smith, Arizona, Ralph Russell Doubleday, vers 1945

Né en 1902, Barbara Inez « Tad » Barnes Lucas fut une championne mondiale de *trick riding.* Elle a concouru plus longtemps que toutes les autres *cow-girls.* Elle aimait aussi révolutionner le monde de la mode rodéo ; on la voit ici portant des jambières (*chaps*) de laine blanche qui furent très populaires auprès des cow-boys et *cow-girls* dans les années quarante.

DONALD C. & ELIZABETH M. DICKINSON RESEARCH CENTER • NATIONAL COWBOY & WESTERN HERITAGE MUSEUM, Nº 1979.026.3636

CHAPITRE 4

Accessoires et seconds rôles

The Nighthawk in His Nest, vers 1900

Les cow-boys qui étaient de garde la nuit devaient dormir en plein jour. La photo illustre bien le lien de confiance entre l'homme et son cheval.

MONTANA HISTORICAL SOCIETY, HELENA, Nº 981-568 • PHOTO : L.A. HUFFMAN

Poupée cow-boy Woody, du film *Histoire de jouets,* 1995

DISNEY CHARACTER © DISNEY ENTERPRISES, INC. USED BY PERMISSION FROM DISNEY ENTERPRISES INC. • PRÊT DE MARTHE LACROIX • PHOTO : JACQUES LESSARD

Le chapeau

Bernard ARCAND

Hormis Yul Brynner, les chauves ne font pas de bons cow-boys. Ils n'auraient pourtant jamais à se découvrir puisqu'un vrai cow-boy n'enlève pratiquement jamais son chapeau. C'est avec son chapeau qu'il prend son bain et quand vient le moment de dormir, il suffit de s'adosser à une pierre et de se l'enfoncer sur les yeux.

Le chapeau, c'est une signature, l'affichage public d'une personnalité. Noir, blanc, couvrant les yeux ou relevé en avant, il y a mille façons de transformer un chapeau pour annoncer la franchise, l'élégance ou la dureté d'âme. À chacun l'ornement qui convient à sa définition de la beauté. Le Mexicain aime les bords larges, l'Indien y met une plume, l'épouse porte bonnet, le marchand d'armes et le journaliste préfèrent les chapeaux ronds. Il n'y avait pas de passeport dans l'Ouest, le chapeau suffisait.

***Making a Tenderfoot Dance,* 1907**

LIBRARY OF CONGRESS, Nº LC-USZ62-13486 • PHOTOGRAPHE ANONYME

Chapeau de cow-boy de style « Texas » de Reckud, 1880-1885

Les chapeaux de cow-boys étaient de teinte plutôt beige ou brune à l'origine, mais bientôt apparurent des chapeaux noirs, blancs et finalement de toutes les couleurs. Chaque chapeau était différent et devenait vite une signature. Il pouvait acheter un chapeau déjà formé ou un chapeau auquel il appliquait lui-même un pli. Grâce à ce pli variable, un cow-boy pouvait être reconnu de loin à sa silhouette.

JOE GRANDEE COLLECTION • NATIONAL COWBOY HALL OF FAME & WESTERN HERITAGE MUSEUM • Nº 1991.26.15

Chapeau d'un général mexicain, vers 1910

Ce chapeau a été offert par Pancho Villa lui-même, en 1916, à Clarence Buddington Clelland, un collaborateur du *Saturday Evening Post*. Par la suite, il s'est retrouvé entre les mains de Harold Winfield Scott, illustrateur de *pulps*.

DON SPAULDING COLLECTION • PHOTO : EDWARD VEBELL

Chapeau de cow-boy, vers 1870

Certains chapeaux de cow-boy fort populaires avaient comme celui-ci un bord large et plat.

FEUTRE ET CUIR • DON SPAULDING COLLECTION • PHOTO : EDWARD VEBELL

Bottes de soldat de cavalerie, 1870

Ces bottes constituent un des héritages de la guerre de Sécession (1861-1865). Elles étaient conçues spécifiquement pour le soldat de cavalerie. Leur ouverture évasée permettait au cavalier de retirer son pied assez facilement s'il tombait de sa monture la botte prise dans l'étrier. Leur hauteur protégeait des serpents.

CUIR • DON SPAULDING COLLECTION • PHOTO : EDWARD VEBELL

Les bottes

Serge BOUCHARD

Les mocassins vous feront furtif, fureteur, silencieux, rusé comme un Sioux. Le soulier italien en cuir fin et souple vous fera raffiné, dandy, cultivé, urbain et très moderne. Les baskets sont l'universalisation du *running shoe,* la jeunesse et la libération d'un pied qui cherche le confort, le jeu et la performance. Si nous changeons de genre, nous voyons que chez les femmes, l'univers du soulier explose dans tous les sens. La botte lacée jusqu'aux genoux nous rappelle à la fois les nonnes, les couventines ou les jeunes filles d'aujourd'hui qui suivent le retour des modes. Le talon aiguille se passe de commentaires tant il y en aurait à faire. Et ainsi de suite. Nous savons tous qu'il y a un monde de significations dans les manières de nous chausser. Nos souliers nous encouragent ou nous découragent mais, surtout, ils nous identifient. Ils nous réconfortent dans l'image que nous voulons projeter de nous-mêmes. Le soulier est une signature. Le va-nu-pieds n'en a pas. Cela dit tout.

Or, le cow-boy est tout sauf un va-nu-pieds. Se botter, c'est revêtir une armure. La botte de cow-boy donne protection et prestance. Il y a dans ces bottes une manière d'élégance mêlée à un soupçon d'arrogance. L'humiliation suprême, pour un vrai cow-boy, est de se faire enlever ses bottes, mort ou vif.

Bottes d'enfant, 1890

NATIONAL COWBOY HALL OF FAME & WESTERN HERITAGE MUSEUM, Nº 1982.25 A ET B

Bottes à large ouverture, après la guerre de Sécession

Certaines bottes étaient conçues pour permettre au cavalier d'y rentrer les jambes de son pantalon.

CUIR • DON SPAULDING COLLECTION • PHOTO : EDWARD VEBELL

Étriers Tapaderos « Monkey Nose », s.d.

Ces étriers de cuir décorés sont de style mexicain. Décoratifs, ils protègent néanmoins les pieds et le bas de la jambe du cow-boy des épines et des arbrisseaux.

CUIR REPOUSSÉ ET LANIÈRE DE CUIR • DON SPAULDING COLLECTION • PHOTO : EDWARD VEBELL

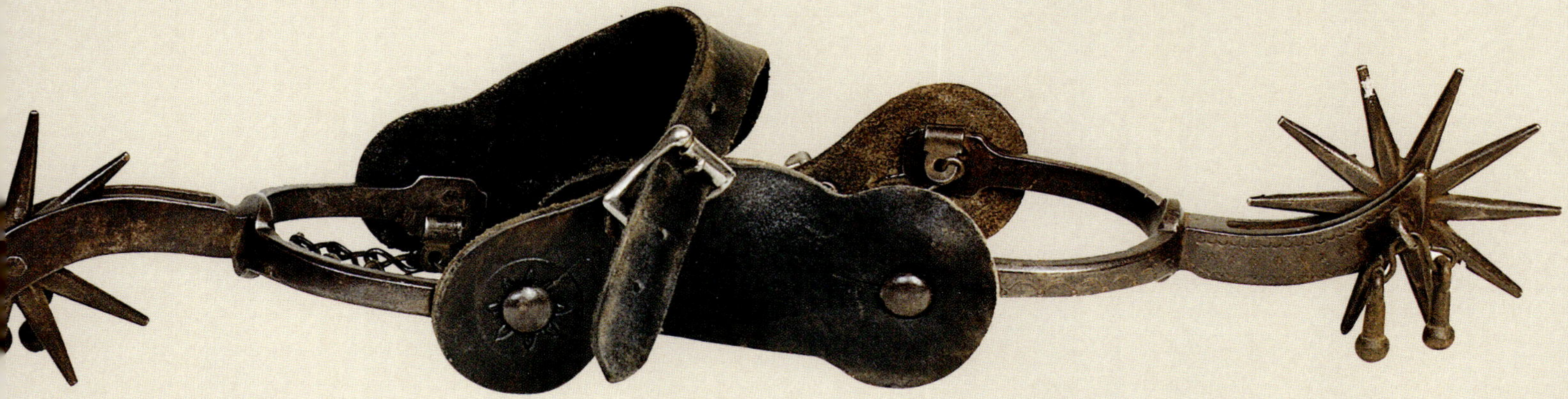

Éperons à molettes et grelots, fin du XIXe siècle

Plusieurs influences se manifestent dans les éperons. D'abord culturelles, ces influences dépendent également des usages et des types de montures.

CUIR ET MÉTAL, STYLE MEXICAIN • DON SPAULDING COLLECTION • PHOTO : EDWARD VEBELL

Éperons « gal's leg » de McChesney, 1920

Ces éperons en forme de jambes de femme démontrent bien l'ennui qui taraudait le cow-boy lors de ses longs voyages. Ces rappels de la ville et d'une vie plus normale lui permettaient sans doute de poursuivre son travail jusqu'au moment du retour.

JOE GRANDEE COLLECTION • NATIONAL COWBOY HALL OF FAME & WESTERN HERITAGE MUSEUM, Nº 1991.01.0707 A ET B

Le café

Bernard ARCAND

L'heure du café est un moment de répit, un instant de calme et de repos que le cow-boy s'accorde inévitablement le soir, près du feu (le cow-boy n'a pas le temps de boire du café durant le jour). Le rythme est lent et l'instant se prête aux confidences. Si quelqu'un a un souvenir à partager ou une histoire à raconter, c'est en buvant du café qu'il le fera. Les plus romantiques prendront leur guitare. Et le spectateur étonné découvre que tous les cow-boys, qui voyagent pratiquement sans bagages, ne se départissent jamais de leur tasse en métal bien aimée.

Saison du *round up,* 1886

Le *round up* désigne le rassemblement du bétail qu'effectuent les cow-boys pour marquer et trier les bêtes à l'automne et au printemps. Pendant ces périodes d'éloignement, les repas permettent aux cow-boys d'échanger après avoir été isolés dans la vaste prairie.

L'ÉQUIPE DE COW-BOYS DU RANCH SH, MONTANA • MONTANA HISTORICAL SOCIETY, HELENA, Nº 981-215 • PHOTO : L.A. HUFFMAN

***Le mensuel international des copains de Lucky Luke,* 4 juin 1974**

L'homme qui tire plus vite que son ombre ne serait certainement pas le plus grand justicier de la bande dessinée s'il n'avait pas pour comparse le fameux Jolly Jumper. Ce bel étalon blanc à la crinière blonde est le cheval le plus rapide et le plus intelligent de ce côté du Rio Grande. Intelligent? Le mot est faible. Comme pourrait en témoigner Lucky Luke, Jolly sait parler, chanter, compter, écrire et même ouvrir des boîtes de conserve !

MORRIS, *LE MENSUEL INTERNATIONAL DES COPAINS DE LUCKY LUKE,* DARGAUD ÉDITEUR • PRÊT DE MAXIME GERVAIS • PHOTO : JACQUES LESSARD

La tasse en métal

Serge BOUCHARD

Le cow-boy en cavale boit toujours dans une tasse en métal. Il a aussi une cafetière et une gamelle dans le même style. C'est entre la porcelaine et le métal bosselé que se mesure la distance entre l'heure du thé et le bivouac de la liberté.

G CASSIDY PRODUCTIONS present
VILLIAM
BOYD
AS HOPALONG CASSIDY
IN Borrowed Troub
WITH
ANDY CLYDE · RAND BROOKS · HELEN CHAPMAN
Based on the characte
Produced by Lewis J. Ra
Releas

La banque

Bernard ARCAND

Il faut croire que même dans le bled le plus minable de l'Ouest américain, il y avait une banque à dévaliser. Elle sert de cible et permet de situer dans l'espace l'intervention criminelle imminente des Méchants. Les paysans y déposent leurs modestes économies, car aucun n'aurait l'imprudence de les conserver à la maison. Ce qui revient à dire que le monde n'est pas sûr et que l'Ouest est un univers anarchique où l'on ne peut se fier à personne et dont la seule loi appartient au plus fort.

Pistolet à pétard *The Lone Ranger*, vers 1940

Après 1940, les pistolets jouets ont été fabriqués dans un alliage différent de celui-ci, les rendant du coup beaucoup plus légers.

JOUET • PLOMB • MUSÉE DE LA CIVILISATION • PHOTO : JACQUES LESSARD

***Borrowed Trouble*, 1948**

Hopalong Cassidy est le héros de 28 ouvrages de fiction de Clarence E. Mulford. L'acteur William Boyd a incarné le héros dans 66 films. Les premiers furent produits par Paramount, les suivants par United Artists. Aucun autre acteur de cinéma n'aura joué un même personnage aussi souvent. Quand Hopalong Cassidy fait ses débuts sur la chaîne NBC en 1950, sa renommée atteint l'échelle internationale, car la télédiffusion dépasse les frontières de l'Amérique. Aux films originaux se sont ajoutées 52 émissions d'une demi-heure réalisées spécialement pour la télévision et mettant toutes en vedette William Boyd.

AFFICHETTE (LOBBY CARD) • RÉALISATEUR : GEORGE ARCHAINBAUD • CINÉMATHÈQUE QUÉBÉCOISE

La guitare

Serge BOUCHARD

Bien que la musique soit omniprésente dans les drames western et que plus d'un chef-d'œuvre du cinéma du genre s'accompagne d'un classique musical, nous savons que le héros du grand écran a plus besoin d'un six-coups que d'un instrument de musique. Mais le contraire s'observe : l'artiste country a plus besoin d'un instrument de musique que d'un six-coups. La guitare rattache le cow-boy à la tradition des troubadours, des chansonniers et des poètes de grand chemin. Cela donne un cow-boy chantant. La guitare se porte en bandoulière, pour remplacer la ceinture de cartouches.

Guitare « The Lone Ranger », 1940-1950

Le célèbre justicier est représenté sur cette guitare en compagnie de son cheval Silver. Après avoir réglé leur compte aux bandits, The Lone Ranger détalait en lançant à sa monture « *Hi-Yo Silver, away !* ». Plusieurs s'entendent pour dire que le cri était bel et bien « Hi-Yo », et non « Hi-Ho », comme c'est écrit sur cette guitare.

BOIS PRESSÉ PEINT, SUPERIOR MUSICAL INSTRUMENTS • MUSÉE DE LA CIVILISATION • PHOTO : JACQUES LESSARD

Patsy Montana, 1930

Née en 1908, Patsy Montana s'est gagné une réputation internationale avec sa chanson « I wanna Be a Cowboy's Sweetheart ». Cette chanson fit d'elle la première femme à se retrouver en tête du palmarès de la musique country. Elle est ici photographiée entre deux performances.

COUNTRY MUSIC HALL OF FAME, NASHVILLE • NATIONAL BARN DANCE RADIO SHOW, CHICAGO

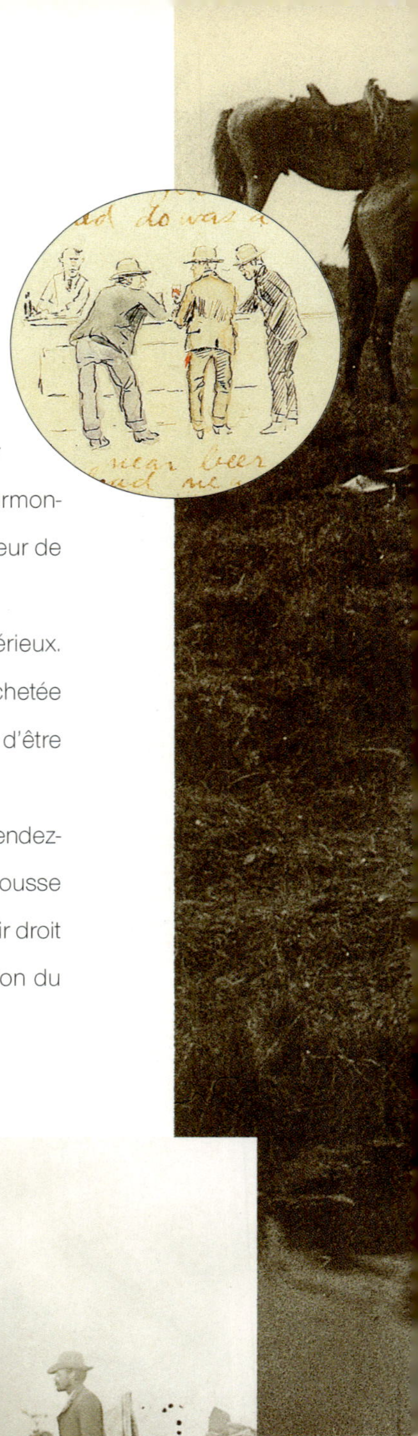

Les petites épreuves

Bernard ARCAND

L'alcool sert à trouver du plaisir en bonne compagnie, à noyer sa peine ou à nettoyer une blessure. Mais l'alcool sert avant tout de test du contrôle de soi. Le héros devra surmonter l'épreuve et fournir la preuve qu'il ne laisse pas l'alcool abuser de lui malgré la lourdeur de son chagrin ancien et sa peur légitime de l'impossible défi qui l'attend demain.

Le bain pourrait être ridicule. Un brave en « combinaison longue » ne fait jamais sérieux. Le cow-boy tout nu dans une cuvette est un héros bien démuni, mais la situation est rachetée parce que l'œuvre de chair approche. C'est dire que la sensualité existe et vaut la peine d'être célébrée malgré la brutalité du monde.

Le barbier fournit la preuve ultime de la bravoure du héros. Plus inquiétant que son rendez-vous fatal avec le Méchant, le héros s'abandonne aux soins du barbier qui l'enduit de mousse ou l'enveloppe de serviettes. Au moment crucial, le barbier lui place sur la gorge un rasoir droit contre lequel nul ne peut rien. Le moindre geste du poignet, un millimètre, une pression du doigt et la mort vient. Les vrais héros se font raser sans broncher.

EN MÉDAILLON :

Lethbridge Riders & A Soft Drink Joint,
Charles M. Russell, 1918

Charles M. Russell a eu une énorme influence sur la représentation du Wild West et en particulier sur celle du cow-boy. Lettre adressée à Bill Rance, 14 septembre 1918.

LETTRE, DÉTAIL • GREAT FALLS ELKS CLUB COLLECTION • MONTANA HISTORICAL SOCIETY, HELENA Nos 86. 06. 19A ET 19B

Un bain en plein air, fin du XIXe siècle

Cette baignade prise en commun montre bien l'étroitesse des liens entre le cow-boy et sa monture !

KANSAS STATE HISTORICAL SOCIETY • PHOTOGRAPHE ANONYME

Camp de cow-boys, 1894

Les cow-boys aimaient passer leurs temps libres à jouer aux cartes. Cette activité qui pouvait soulever les passions était interdite dans plusieurs lieux publics et même sur certains convois de bétail.

NORTH FORK OF THE MILK RIVER • MONTANA HISTORICAL SOCIETY, HELENA, No 946-501 • PHOTO : DAN OUTRO

Le cuisinier du LU Bar Ranch prépare le pain, 1904

Le pain était cuit dans un four en tôle.

MONTANA • PHOTO : L.A. HUFFMAN • MONTANA HISTORICAL SOCIETY, HELENA, Nº 981-256

Cow-boys évacuant un chariot embourbé, s.d.

Les cow-boys étaient parfois surpris par le gonflement des eaux.

DENVER PUBLIC LIBRARY, Nº F30015

Joseph Ernest Dufault, alias Will James, vers 1891

À l'âge de 15 ans, Joseph Ernest Dufault a quitté son pays d'origine, le Québec, pour l'Ouest canadien, puis le Montana. Il change alors de nom, exerce le métier de gardien de troupeaux, et s'invente des origines de cow-boy dans son livre *Lone Cowboy. My Life Story* (1930). Il raconte son enfance dans le Montana, où il serait né d'une mère mexicaine et d'un père texan et cowboy. En 1924, il écrit dans un quotidien du Nevada: « *[...] from my hair roots on down to the ground, I'm a cowboy, and always will be no matter how much I paint, draw, or write.* »

JOHN MOIR AND BROTHERS RANCH, CYPRESS HILLS, SASKATCHEWAN • GLENBOW ARCHIVES, CALGARY, ALBERTA

Une ceinture à double étui et couteau, vers 1860

Il s'agit ici d'une rare ceinture à deux étuis. Le fait que la ceinture soit aussi sobre s'explique par le fait qu'elle date d'avant l'apparition des cartouches.

CUIR • DON SPAULDING COLLECTION • PHOTO : EDWARD VEBELL

EN HAUT :

Bandanas, 1920

Les *bandanas* avaient plusieurs fonctions. Le cow-boy les portait pour se protéger la bouche de la poussière, pour mettre sur les yeux de son cheval, pour faire un bandage, etc. Il était communément fait de coton, mais on en trouvait aussi en soie pour les grandes occasions.

TISSU • DON SPAULDING COLLECTION • PHOTO : EDWARD VEBELL

Bandanas, 1865-1870

Alors que les motifs des *bandanas* variaient à l'infini, la couleur la plus en vogue était le rouge.

COTON • DON SPAULDING COLLECTION • PHOTO : EDWARD VEBELL

Cowboy slicker, « Tower's Fish Brand Pommel Slicker », fabriqué à Boston, fin du XIXe siècle

Il faut remarquer les rangées de boutons de cet imperméable de cow-boy. L'une d'elles était utilisée pour fermer le manteau quand le cow-boy montait à cheval, et l'autre, quand il marchait. À l'origine ce manteau était jaune. Avec l'âge il est devenu cuivre.

DON SPAULDING COLLECTION • PHOTO : EDWARD VEBELL

Deux paires de gants brodés, 1875

Traditionnellement, les cow-boys portaient tous des gants brodés de ce style avec large ouverture. Vers 1880, ils utilisèrent pour manier le lasso des gants moins élaborés et des poignets protecteurs. On remarque ici le travail de broderie artistique des Amérindiennes.

CUIR ET PERLES DE VERRE • EDWARD VEBELL WESTERN COLLECTION • PHOTO : EDWARD VEBELL

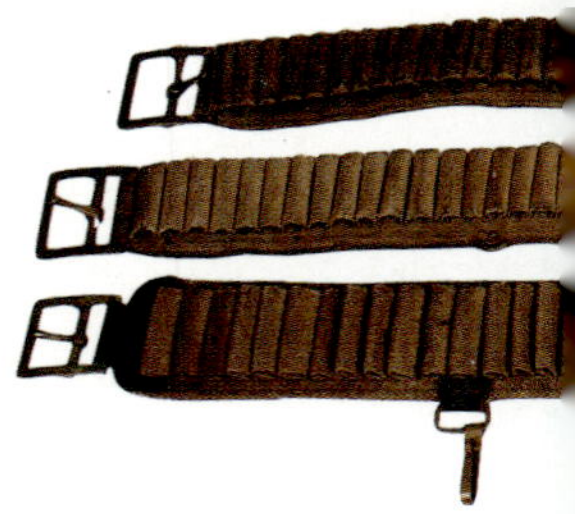

Shotgun chaps, vers 1870

Ces jambières de cow-boy en cuir représentent un héritage du vaquero mexicain. On les appelait à *double-barrel* en raison de leur largeur.

ACCESSOIRES : COLT MODEL 1860 (ARMY MODEL) ET FER À MARQUER • DON SPAULDING COLLECTION • PHOTO : EDWARD VEBELL

Trois ceintures de la prairie, 1876, 1879, 1881

Ces trois ceintures qui servaient à emmagasiner les cartouches de fusil représentent des modèles de différentes années. À partir de la guerre de Sécession, avec l'apparition des cartouches métalliques, on évita les ceintures de cuir, car une réaction chimique les tachait de vert-de-gris.

TOILE • DON SPAULDING COLLECTION • PHOTO : EDWARD VEBELL

Jambières en laine (*chaps*), s.d.

Le mot *chaps* provient de l'espagnol *chaparrejos,* ou *chaparreros,* qui signifie pantalons de cuir. Son origine se rapproche également du mot *chaparro* qui désigne, toujours en espagnol, un type de chêne poussant au Texas parmi cactus et autres plantes épineuses. Le cow-boy devait souvent entraîner sa monture à travers ces bosquets hérissés d'épines de toutes sortes pour suivre le bétail ; et les *chaps* lui étaient alors fort utiles pour éviter les éraflures. Plus tard, lorsque le bétail était amené plus au Nord (au Montana et au Wyoming) où ces plantes sont absentes, les cow-boys ont conservé l'habitude de porter des *chaps,* mais pour se protéger du froid. C'est ainsi que sont nées les *chaps* de laine appelées *woolies.*

LAINE ANGORA • NATIONAL COWBOY HALL OF FAME & WESTERN HERITAGE MUSEUM, Nº 91.01.1255

Poignets protecteurs, vers 1880

L'usage de ces poignets protecteurs s'est répandu chez les cow-boys après 1880. Ils sont souvent l'œuvre d'Amérindiennes.

CUIR ET RIVETS DE MÉTAL • DON SPAULDING COLLECTION • PHOTO : EDWARD VEBELL

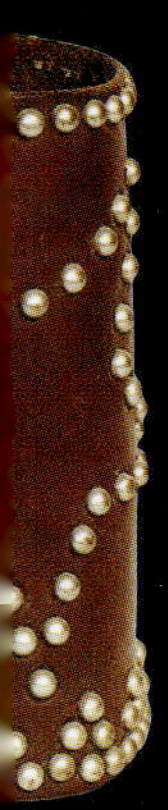

Les jeans

Serge BOUCHARD

Pour faire cow-boy, rebelle, marginal, indépendant, jeune aussi, l'individu moderne se lancera volontiers dans le conformisme country-western. Ou vous verrez un jeune cadre ou un quinquagénaire en bonne santé porter jean, veston et bottes de cow-boy pour assister à des réunions de travail dans les tours des centres-villes ou à l'université, ou vous verrez les gens chic porter des salopettes, pour faire original.

Les paysages

Bernard ARCAND

Il suffit de un ou deux plans de caméra, d'un travelling ou d'un plan panoramique de la plaine, des montagnes ou du désert, de l'image d'un cactus ou d'une broussaille qui roule avec le vent et tout de suite nous reconnaissons le mode western. La référence est immédiate : paysage exotique d'une beauté époustouflante et décor parfaitement familier. Depuis toujours, le cinéma western utilise les mêmes sites, les mêmes plans, les mêmes studios. Le genre est aussi prévisible que les insuccès du coyote à la poursuite du *roadrunner*.

Les bars et parcs western

Bernard ARCAND

De la même manière, il suffit de peu de choses pour « faire country » : une paire de bottes, un chapeau typique, une guitare, une ceinture, un pistolet, une vieille selle. Qui veut ouvrir un bar country à Québec, Lima ou Budapest pourra y placer des portes battantes, une botte de foin, une clôture de perche et une roue de chariot, ou encore accrocher au mur un fanal, un fer à cheval, un crâne de vache ou un vautour empaillé. Pour ceux qui n'ont pas de gros moyens, deux ou trois de ces éléments, n'importe lesquels, feront quand même l'affaire. Incitez vos clients à porter le jean, un foulard, un chapeau de cow-boy ou des bottes western. C'est ainsi que tous les festivals country du monde et tous les parcs d'attraction utilisent le même nombre limité d'éléments typiques : chevaux, shérif, prison, saloon, banque, pistolets, rodéo, forgeron, magasin général.

Chacun de ces signes universellement reconnus semble étonnamment puissant. Chaque élément réussit à suggérer tous les autres parce que l'ensemble forme un système cohérent et indivisible. Un Colt, un fer à marquer le bétail, prenez n'importe quel détail isolé et tout le contexte apparaît, avec l'ambiance générale du western et le grand plaisir de s'imaginer, ne serait-ce qu'un instant, dans les bottes de Burt Lancaster ou de Charles Bronson.

Capital Reef National Park, Utah, 1990

PHOTO : PAULINE HAMEL

PAGES SUIVANTES :

Traders on the Trail, **John Ford Clymer, s.d.**

La contribution artistique et historique de John Ford Clymer est depuis longtemps reconnue. Lui-même né dans l'Ouest, à Ellensburg, dans l'État de Washington, il s'est passionné pour l'époque de la Frontière. Avant de se faire peintre, il fut illustrateur pour des magazines canadiens et américains tels que le *Saturday Evening Post*. Cette œuvre met en scène William Sublette, grand voyageur et commerçant, ainsi que ses compagnons, qui sont représentés ici sur la piste de l'Oregon en 1834.

HUILE SUR TOILE • 24,09 X 40,08 CM • GLENBOW MUSEUM, CALGARY, ALBERTA • PHOTO : GLENBOW MUSEUM

John Clymer

Les femmes de l’Ouest

Bernard ARCAND

Les vrais cow-boys ne se font pas épiler au laser, lavent rarement la vaisselle et sont assez peu portés sur la cuisine. Ils laissent ça aux femmes ! Le rugueux Marlboro Man dissimule probablement un cœur tendre, comme tout bon héros, mais il n’a certainement pas l’air efféminé. Parce qu’il appartient aux femmes de rester en marge et de n’être jamais le centre d’attention du récit western. Malgré l’existence, au Texas, d’un temple de la renommée des *cow-girls,* les personnages féminins sont confinés aux rôles de soutien. Et si une femme se trouve parfois au centre de l’attention, elle sera surtout absente et relativement invisible : la vierge innocente capturée par les Sauvages, une Belle au bois dormant que le héros devra secourir, une dulcinée pour Don Quixote amateurs. Dans la plupart des cas confinées aux rôles secondaires, les femmes du western aiment et appuient, elles accompagnent et aident, elles s’inquiètent ou se plaignent. Certaines serviront de butin ultime promis au

Belle Starr et le Deputy US Marshal Tyner Hughes, 23 mai 1886

Née en 1848, Belle Starr devint la reine des bandits des *dime novels,* cette littérature bon marché extrêmement populaire aux États-Unis à la fin du XIXe siècle. Née Myra Belle Shirley, elle vécut en hors-la-loi et eut plusieurs maris et amants, tous hors-la-loi aussi. Son second mari, Sam Starr, était un Cherokee avec qui elle organisa plusieurs vols de chevaux. Son troisième mariage avec un jeune bandit du nom de Jim July lui valut la mort. Elle n’avait que 41 ans.

FRED S. BARDE COLLECTION • OKLAHOMA HISTORICAL SOCIETY, N° 1356 • PHOTO : ROEDER, FORT SMITH, ARIZONA

Calamity Jane, vers 1895

Née en 1852, Mary Jane Canary ou Conarray (selon Rieupeyrout) aurait été la fille d'une propriétaire de maison close du Montana. Elle occupe plusieurs emplois strictement masculins, entre autres sous les ordres du général Crook, contre les Sioux, en 1876. Par la suite, Calamity gagne sa vie à raconter son histoire dans des spectacles miteux. Conséquence de sa dépendance à l'alcool, elle truffe ses récits de mensonges. L'une des histoires les plus contestées demeure celle de son aventure avec le hors-la-loi légendaire Wild Bill Hickock.

COURTESY WILLIAM T. ROGERS, WESTERN HERITAGE CENTER

vainqueur. Elles sont les épouses des Bons ou les maîtresses des Méchants – lesquelles peuvent parfois venir au secours du Bon en trahissant le Méchant, sans doute par amour de la bonté –, mais dès que l'on passe aux choses sérieuses et que le véritable drame commence, les femmes se retirent.

Les rares exceptions qui se prennent pour une Amazone ou Jeanne d'Arc, et qui manient le pistolet comme un homme s'habillent aussi comme un homme, parlent, marchent et vivent comme un homme. Ce genre de femme sera tenancière de bordel et n'aura peur de personne. Une autre se battra comme un garçon jusqu'au moment où l'on découvrira son corps de femme sous son déguisement. Calamity Jane pouvait abandonner son accent et retrouver un anglais très correct, prouvant par là qu'elle était, dans le fond, une jeune femme de bonne éducation.

Les vrais cow-boys ne sont pas coquets. Leur souci de l'habillement et leur allure générale laissent croire que nous sommes en présence des maîtres absolus du négligé étudié. Jamais rasé, vêtements usés et poussiéreux, cheval fatigué, on soupçonne le cow-boy de sentir mauvais. Couchant à la belle étoile, il ne fait jamais le ménage et le cow-boy ne dresse pas la table puisqu'il mange avec ses doigts. Bref, c'est une brute qu'une femme aura pour mission de civiliser.

Voilà un défi considérable, mais qui peut être atteint par l'un ou l'autre des deux grands personnages féminins typiques. Soit l'épouse honnête et sincère, celle qui travaille la terre ou

Poupée *cow-girl* Jesse, du film *Histoire de jouets II,* 1999

Jesse, la *cow-girl* du film *Histoire de jouets II,* représente bien l'un des rôles que pouvait occuper la femme dans l'Ouest. C'est une jeune fille casse-cou, un peu garçon manqué, tout comme les championnes de rodéo du début du XXe siècle.

DISNEY CHARACTER © DISNEY ENTREPRISES, INC. / PIXAR ANIMATION STUDIOS • USED BY PERMISSION FROM DISNEY ENTREPRISES INC. • PRÊT DE MARTHE LACROIX • PHOTO : JACQUES LESSARD

Saloon près de Trinidad, s.d.

Un vrai saloon du Colorado où deux prostituées sont assises sur le bar, attendant le retour des cow-boys.

COURTESY COLORADO HISTORICAL SOCIETY, TRINIDAD COLLECTION, Nº F-43376

que l'on voit accoudée à la clôture, la fidèle qui lit la Bible et s'inquiète pour l'avenir de ses enfants, celle qui cuit une tarte aux pommes et qui voudrait mettre fin à toute cette violence, celle venue de l'Est par train, celle qui marque l'arrivée dans l'Ouest de la société civilisée, celle qui sort peu et qui souhaite seulement la vie paisible d'un couple fermier. Celle qui incarne la stabilité, car elle sait que c'est vers elle que reviendra le héros quand tout sera terminé. Soit la fille du bordel, la danseuse immodeste du saloon, celle qui cherche le gars qui lui paiera un verre, celle pour qui le cow-boy prendra enfin un bain dans une cuvette avant de se raser et de fumer un cigare. Celle qui connaît les hommes et ne leur pose jamais de questions parce qu'elle sait la violence du monde et pense qu'il faudrait être bien naïve pour croire qu'il pourrait un jour changer.

Bonne mère ou putain généreuse, épouse soumise ou croqueuse d'hommes, amante à long terme ou de passage, les femmes du western ont les traits de Grace Kelly, Janet Leigh ou Claudia Cardinale, et constituent des personnages bien définis, des profils de femmes fortes qui savent ce qu'elles veulent et qui affichent la confiance profonde de tout ce qui, chez l'homme, paraît instable ou incertain. Des personnages somme toute imposants devant qui le cow-boy enlèvera enfin son chapeau. Des femmes qui aimeraient civiliser leur mâle mais qui, en même temps, demeurent éternellement amoureuses de sa sauvagerie. Des femmes qui admirent le chevalier et ne sont pas insensibles au troubadour.

De là, d'ailleurs, tout le sens de la transformation et de l'inversion qui marquent le passage du western au country. De la même manière qu'au Moyen Âge, le preux chevalier a pu se transformer en chevalier servant et se mettre à construire des cathédrales désormais dédiées à Notre Dame, le cow-boy du western abandonne son machisme traditionnel pour se consacrer à chanter son amour des femmes. Le cow-boy du country est avant tout un amoureux qui soigne son cheval et son habillement, et dont la peau devient aussi rose que ses sentiments. Pour chanter country, de grands et solides gaillards se découvrent une petite voix nasillarde et fluette. Dans cet univers adouci, les femmes occuperont désormais une place énorme. Elles seront l'objet de tous les honneurs et de toutes les passions amoureuses. Mieux, elles auront enfin le droit de s'exprimer dans cet univers de sentiments qu'elles connaissent si bien. Ce qui nous vaudra l'apparition de milliers de chanteuses country déterminées et pétillantes qui affirment leur indépendance, chantent leur goût de la vie et, surtout, le fait qu'elles sont passionnément en amour avec l'amour.

Fillette de quatre ans jouant aux cow-boys, vers 1978

De tout temps, les enfants ont aimé jouer « aux cow-boys et aux Indiens », comme cette petite «Annie Oakley» de la fin des années soixante-dix...

PHOTO : MONIQUE GERMAIN

Heroism of a Pioneer Woman

Sans vouloir réduire le mérite des femmes qui ont vécu à l'époque du *Wild West*, il faut signaler que les représentations de l'Ouest du XIXe siècle ont pris toutes les allures possibles.

GRAVURE TIRÉE DE HENRY HOWE, *HISTORICAL COLLECTIONS OF THE GREAT WEST*, NEW YORK, G. F. TUTTLE, 1857, P. 121 • MUSÉE DE LA CIVILISATION, BIBLIOTHÈQUE DU SÉMINAIRE DE QUÉBEC (FONDS ANCIEN), Nº 303.7 • PHOTO : JACQUES LESSARD

Frances Mullin, s.d.

Sur son ranch du Wyoming, Frances Mullin s'exerce à tirer avec son Colt à un coup. Comme d'autres femmes qui se retrouvaient seules pendant la saison du *round up*, elle prend elle-même en charge sa protection.

NEW CASTLE, WYOMING • DENVER PUBLIC LIBRARY, Nº F19699

Les sœurs Becker dans la vallée San Luis, vers 1894

L'éleveur du Colorado Fritz Becker tenait à assurer sa succession. C'est pourquoi ses trois filles exécutent ici une tâche habituellement réservée aux hommes, le marquage du bétail au fer rouge. C'est cette brûlure distinctive sur la peau de l'animal qui permettra d'identifier son propriétaire.

COURTESY COLORADO HISTORICAL SOCIETY, Nº F-28537 • PHOTO : O. T. DAVIS

Janet Williams avec son cheval Zip, 1911

Janet Williams porte ici une jupe-culotte qu'elle peut ouvrir quand elle monte à cheval. La jupe-culotte devint à la mode chez les femmes de l'Ouest autour de 1900.

YELLOWSTONE RIVER • MONTANA HISTORICAL SOCIETY, HELENA, Nº PAC 90-87-49-2 • PHOTO : EVELYN CAMERON

Take care !, 1903

CARTE POSTALE • ART SPECIALTY CO. • ARCHIVES NATIONALES DU QUÉBEC À QUÉBEC, Nº P547, S2, SS1, D7

Cow-girl Mabel Strickland, vers 1935

Mabel DeLong Strickland a été couronnée reine du Pendleton Roundup de 1927. La presse la surnommait « Lovely Lady of the Rodeo » ou « Crown Princess of the Rodeo ».

DONALD C. & ELIZABETH M. DICKINSON RESEARCH CENTER • NATIONAL COWBOY & WESTERN HERITAGE MUSEUM, Nº 1979.026.4002 • PHOTOGRAPHE RALPH RUSSELL DOUBLEDAY

La mort d'un bûcheron, 1973

Dans cette comédie dramatique, Carole Laure joue aux côtés de Willie Lamothe le rôle de Marie Chapdelaine, une chanteuse de cabaret. La musique du film est de Lamothe.

LA MORT D'UN BÛCHERON, QUÉBEC, 1973, RÉALISATEUR : GILLES CARLE • COLLECTION CINÉMATHÈQUE QUÉBÉCOISE, Nº 1995.19[illegible]3.PH

Les Indiens dans le monde des cow-boys

Serge BOUCHARD

Loin d'être absent des scénarios américains, l'Indien y est même très présent, mais on lui fabriquera un rôle sur mesure. À cause de la popularité universelle des histoires du Far West américain, l'Indien archétypal de l'Amérique finira par émerger clairement. Quelques images inoubliables, quelques mots référant à des peuples qui existent vraiment, des personnages choisis portant des noms particulièrement indiens et l'affaire est dans le sac. Il n'est pas exagéré de dire que les Sioux gagneront le gros lot à ce jeu de l'Indien imaginé. Les Apaches, les Comanches et les Cheyennes, peut-être les Pieds-Noirs, les accompagneront cependant au front de la célébrité western. Ces noms sont magiques pour qui rêve de l'Ouest ancien. C'est ainsi que l'Indien devra se conformer aux canons de l'indianité inventée.

L'Indien de la légende vit donc dans les plaines, sa maison est un tipi fait de peaux de bisons sur lesquelles des motifs sont dessinés, qui rappellent leurs clans, leurs guerres, leurs dieux. Ils chassent le bison mais ils sont avant tout des guerriers nomades. Ils montent des chevaux sauvages et ils n'ont pas peur de mourir. Indisciplinés, ils consomment volontiers de l'alcool, ils se droguent et se disputent souvent entre eux. Ils fument le calumet de la paix ou ils enterrent et déterrent la hache de guerre. Ils s'en vont, à la file indienne, sur le sentier de la guerre et ils aiment scalper leurs adversaires. Que dire des couvre-chefs en plumes d'aigles qui fascineront le monde entier au point d'en faire le symbole de toute l'indianité d'Amérique ? Toutes les femmes sont des squaws, mot générique de la famille algique (algonquienne) qui veut dire femme (*isquew*), tous les bébés sont des *papooses,* et il y a immanquablement des sorciers, des poteaux de torture, des mâts totémiques, des danses de la pluie. Ils parlent un anglais simple, poétique, imagé et sans formes verbales compliquées ; à la limite ils parlent le langage des signes, ils se font même des signaux de fumée.

Les chefs ont des noms assez particuliers mais conformes à l'idée préfabriquée de l'Indien d'Amérique. Comme s'il fallait que les Indiens se nomment Nuage Bleu, Aigle Noir ou Perle de Rosée, les personnages historiques passeront bel et bien à l'histoire sous des noms empruntés, des noms que les Américains leur prêtaient dans la langue anglaise. Red Cloud, Crazy Horse,

***Pehriska-Ruhpa, Moennitarri Warrior in the Costume of the Dog Danse,* Karl Bodmer, 1840-1843**

Guerrier moennitarri dans son costume de la danse du chien.

GRAVURE ET AQUATINTE (COLORÉE À LA MAIN) • 63 X 46 CM • BUFFALO BILL HISTORICAL CENTER, CODY, WYOMING, GIFT OF MISS CLARA PECK, Nº 21.69.23

PEHRISKA-RUHPA.

Mönnitarri Krieger im Anzuge des Hundetanzes. *Guerrier Mönnitarri en costume pour la Danse du Chien.*

MÖNNITARRI WARRIOR IN THE COSTUME OF THE DOG DANSE.

American Horse, Big Bear, Sitting Bull et quelques autres formeront la liste des grands Sioux de l'époque des guerres dans la prairie. Geronimo (en espagnol), Cochise et Mangus Colorado seront les références apaches. Quanah Parker représente les Comanches à la table des grands combattants indiens de l'Ouest.

Dans la légende de la Frontière, l'Indien sera l'altérité, l'autre. Il sera un danger, une menace, un personnage périphérique dans l'excentricité de l'histoire. Or, cet Indien-là, le mythe inventé, entrera de plain-pied dans l'imaginaire western. Il constitue l'ennemi sournois, impardonnable, celui dont il faut connaître les ruses, les manières. Car il y a une manière indienne, furtive, sournoise, démoniaque. Quand les cow-boys entrent en territoire indien, ils sont en grand danger, mais ils pourront peut-être s'en sortir s'ils connaissent bien la manière indienne. Les Indiens surgissent toujours à l'improviste, le cinéma les fera souvent apparaître sur la crête des montagnes, sur le point d'attaquer. Ou bien ils tournent à grand galop autour des chariots regroupés. Ils meurent alors en grand nombre mais continuent leur ronde infernale. Quand ils retraitent, on sait déjà qu'ils reviendront. Entre la noblesse et la pire sauvagerie, tous les registres seront abordés. La cavalerie les poursuivra, les pourchassera, les punira.

Il s'agit d'un amalgame, d'une caricature, d'une grossière reconstruction à partir d'éléments divers empruntés à toutes les cultures amérindiennes et réunis en une seule qui, évidemment, n'existe pas. On a l'Indien inventé. Il sera taciturne, spartiate, fourbe ou bien noble ou intelligent, ou encore stupide, fidèle ou traître, compagnon ou faire-valoir, mais toujours à la marge du propos principal. Certains cow-boys emprunteront des parties de sa tenue vestimentaire, la veste en daim avec des franges notamment, et parfois le mocassin. Déjà Daniel Boone avait lancé la mode à une autre époque et dans d'autres lieux. Les Indiens prendront de l'étranger la Winchester, les chapeaux et la veste bleue des Yankees.

Les Tétons, Brûlés, Hunkpapas, Sans Arcs, Ogalalas, Osages, Yanktons, Iowas, Omahas et autres Lakotas s'effaceront au profit d'un modèle unique, le guerrier Sioux, redoutable et difficile. Plus au sud, les Comanches joueront le même rôle simplificateur. Ils seront des copies des Sioux, on ne fait que changer de nom de peuple et ce nom-là, Comanches, résonnera bien dans les oreilles des consommateurs d'histoires inventées de l'Ouest romantique. Plus au sud encore, les Apaches formeront le pendant désertique des terribles Sioux du Nord. Leur saga sera amplement racontée mais nul ne s'intéressera vraiment aux différences entre les

***An Ostoho Cow Boy,* Edward S. Curtis, vers 1903**

Cow-boy indien de la famille des Apaches.

LIBRARY OF CONGRESS, Nº LC-USZ62-90214

L'éclaireur Curly, fin du XIXe siècle

Curly appartenait à la nation crow et fut éclaireur pour le général Custer, mort à Little Bighorn en 1876.

HAYNES FOUNDATION COLLECTION, MONTANA HISTORICAL SOCIETY, HELENA, Nº H-936 • PHOTO : F.J. HAYNES

Kiowas, Chiricahuas, Jicarrillas ou les Mescaleros, ni à la culture apache ni à leur authentique destin, coincés qu'ils étaient entre les Américains et les Mexicains.

Les Mandans, les Shoshones, les Santees, les Karoks ou les Modoks ne se qualifieront pas pour les légendes des cow-boys. La quasi-totalité des cultures et des peuples autochtones de l'Ouest restera inconnue aux yeux d'un public qui n'a jamais eu cette curiosité. Pour être un vrai Indien, il faut être un Sioux ou quelque chose de semblable. Le Sioux imaginé fera parfaitement l'affaire. Ce sont les Sioux les plus rusés, les Apaches les plus guerriers, les Comanches les plus redoutables et ainsi de suite qui inventent un peuple pour en oublier dix. Qui connaît le destin des Nez Percés de l'Oregon ? Ou celui des Mohaves ou des Yumas de la Californie ? Des Natchez de la Louisiane ? Ici, plus qu'ailleurs si la chose se peut, se dresse le fossé énorme entre la réalité historique et la légende qui en dérive. La culture western réussira ce tour qui consiste à enfoncer entièrement les Amérindiens dans les derniers retranchements de notre grande amnésie collective.

L'Ouest sera avant tout une culture spectacle et les acteurs doivent avoir un certain charisme. Il faut que l'image soit conforme.

Côté discours, les Américains finiront à l'Ouest ce qu'ils avaient commencé sur la côte Atlantique. La guerre des Pequots et l'histoire du dernier des Mohicans sont des anecdotes culturelles américaines de plein droit. Cela se passait dans la région actuelle de New York et l'histoire officielle des États-Unis attache une grande importance aux premiers pas des colons et aux commerçants originaux. Les Pentukets et les Wampanoags ont aidé les pèlerins à Plymouth (Boston) et cela fait aussi partie des légendes fondatrices. Les Powhatans de la Virginie ont fait la guerre aux colons anglais, ils l'ont perdue et une des filles d'un chef a vécu une histoire sentimentale avec un Anglais. Il s'agit bien sûr de Pocahontas, devenue personnage historique et dont les dessins animés de Disney assurent de nos jours la postérité. Bien des jeunes Américains apprennent que la Ligue des Iroquois a inspiré la rédaction de la Constitution américaine.

L'Indien de l'Ouest sera entièrement fabriqué par la légende western pour les fins de sa propre culture. La chose n'est pas surprenante puisque nous voyons là un phénomène qui se retrouve à l'échelle planétaire. Les vaincus sont dits primitifs et ils n'ont pas de place dans les civilisations qui progressent dans l'espace. L'Amérique n'est qu'un épisode parmi d'autres dans l'éradication des peuples autochtones partout dans le monde, éradication qui porte essentiellement sur la mémoire et sur l'histoire. À défaut de connaître et de reconnaître les cultures authentiques des peuples occupant premièrement les terres que les nouveaux arrivants s'approprient, il faudra bien créer un discours à leur propos.

Cheyenne Warriors, **Edward S. Curtis, s.d.**

Guerriers cheyennes.

PHOTOGRAVURE • BUFFALO BILL HISTORICAL CENTER, CODY, WYOMING, Nº RB. TR647.C87.1907, VOL.6, PL.

PAGES PRÉCÉDENTES :

***Last of Their Race*, John Mix Stanley, 1857**

John Mix Stanley a suivi les traces de George Catlin en créant des portraits des Indiens rencontrés lors de ses voyages dans l'Ouest. Ici, il a plutôt choisi l'allégorie en montrant les survivants de diverses tribus amérindiennes repoussés vers la limite qu'imposait l'océan Pacifique.

HUILE SUR TOILE • 109 X 152 CM • BUFFALO BILL HISTORICAL CENTER, CODY, WYOMING, Nº 5.75

Dans ce qui allait devenir un cirque, celui de Buffalo Bill parmi d'autres, Sitting Bull lui-même devint une attraction publique. Le Métis Gabriel Dumont fit de même, se montrant avec ses habiletés de tireur et de cavalier dans ses beaux habits colorés. Les Iroquois Mohawks, qui comprirent vite la nature de la demande, se spécialisèrent très tôt dans les danses de la guerre – les cris de guerre, surtout – dans ce qui s'appelait un numéro de *war-hooping.* De nos jours, la transformation du phénomène est complète. La culture western et la musique country sont devenues des traits caractéristiques des communautés amérindiennes, dans l'Ouest et dans le Nord comme dans l'Est. Par la tenue vestimentaire, par les préférences musicales, par l'intérêt pour le style en général, le country western s'est naturellement imposé dans les cultures modernes. Les grands rassemblements de certaines diasporas, les Ojibways par exemple, se font sous forme de rodéos annuels fort courus. Celui des Chippewas, au Minnesota, publicise tout ce qui se rapporte à de semblables fêtes western, danses indiennes en sus.

Ces rôles définis dans un vaste spectacle en viendront à masquer complètement la réalité historique et la nature des identités culturelles en terre d'Amérique. Aujourd'hui encore nous retrouvons ces lieux communs qui consistent à chercher les vrais Indiens, c'est-à-dire l'Indien imaginé de la plaine et des déserts, et d'aucuns croient encore que les Innus du Labrador, les Cris de la Baie James ou les Algonquins de l'Abitibi auraient eu avantage à ressembler plus à ces portraits idéalisés. Certains Amérindiens essaient même de s'y conformer. En fait, tous les acteurs sont pris au jeu. Il faut qu'un cow-boy ressemble à un cow-boy et il faut qu'un Indien ressemble à un Indien.

Voilà les propriétés universelles d'une culture qui se nourrit de tout ce qu'elle rencontre. Il est vrai que le mythe de l'Ouest servira bien à couvrir les drames souvent horribles de l'histoire, notamment de l'histoire américaine de l'Ouest. Mais le mensonge du mythe pousse plus loin encore. Il récupère les victimes et les vaincus, il les invite à la célébration communautaire d'un esprit particulier, l'esprit cow-boy, car une fois devenu cow-boy moderne, l'Indien trouve sa place dans la société.

***Jicarilla maiden*, Edward S. Curtis, vers 1905**

Jeune fille jicarilla. Les Jicarillas appartiennent à la nation apache et habitent aujourd'hui dans des réserves de l'Arizona, du Nouveau-Mexique et du Colorado.

PHOTOGRAPHIE PUBLIÉE DANS EDWARD S. CURTIS, *THE NORTH AMERICAN INDIAN, 1907-1930,* SEATTLE, WASHINGTON • LIBRARY OF CONGRESS, Nº LC-USZ62-90798

Dollar représentant Sacagawea portant son fils, 2000

Les capitaines Meriwether Lewis et William Clark engagèrent comme interprète un trappeur canadien-français du nom de Toussaint Charbonneau. Ils savaient qu'il avait pour épouse Sacagawea, la fille d'un chef indien shoshone et qu'elle leur serait utile dans leur périple vers la côte du Pacifique. De 1804 à 1806, elle leur servit d'interprète et de diplomate auprès d'une cinquantaine de tribus. Avec son fils Jean-Baptiste, né huit semaines seulement avant qu'elle se joigne à l'expédition, sa présence aurait conféré au groupe un caractère pacifique. Le capitaine William Clark en parle lui-même en ces termes dans son journal de l'expédition.

MONNAIE COMMÉMORATIVE • 88,5 % CUIVRE, 6 % ZINC, 3,5 % MANGANÈSE, 2 % NICKEL • THE UNITED STATES MINT • PHOTO : JACQUES LESSARD

***Sapo-Omock-Sokah*, D.B. Robinson, vers 1875**

Certains artistes se sont également intéressés à représenter les Indiens du Canada et leur culture. Robinson, un Britannique, a dressé ce portrait saisissant du chef Crowfoot, un Pied-Noir, lors d'un voyage dans le Nord-Ouest canadien.

AQUARELLE SUR PAPIER • 38,5 X 29 CM • GLENBOW MUSEUM, CALGARY, ALBERTA • PHOTO : GLENBOW MUSEUM

Indien et chien avec travois, s.d.

Avant l'arrivée du cheval en Amérique, les Indiens utilisaient le chien pour le transport de la marchandise, grâce à un système de porte-bagages que l'on nomme des travois. Le même système, en plus gros format, fut par la suite utilisé pour les chevaux.

NEBRASKA HISTORICAL SOCIETY, Nº RG2969 : 2-225 • PHOTO : JOHN ANDERSON

Enfants stoneys sur un travois, 1922

À l'arrivée des chevaux en Amérique avec Hernando Cortés en 1519, le cheval, après avoir d'abord servi de nourriture aux Amérindiens, remplaça peu à peu le chien comme animal dédié au transport de bagages et de marchandises. Plus robuste, il devenait l'animal parfait pour de telles tâches.

LAC WINDERMERE, COLOMBIE-BRITANNIQUE • GLENBOW ARCHIVES, CALGARY, ALBERTA

Chaiwa-Tewa, Edward S. Curtis, vers 1906

À propos de la chevelure de cette jeune Hopi, Curtis écrit ceci : « Les femmes hopis partagent leurs cheveux en deux depuis le front jusqu'à la base de la nuque. Les filles qui ne sont pas mariées les coiffent en deux grandes boucles sur chaque oreille, symbolisant la fleur de courge ; cette coiffure pittoresque disparaît à une telle vitesse [...]. » Curtis a cherché, par son œuvre photographique, à témoigner de la richesse des cultures indiennes dont il constatait la disparition.

PHOTOGRAPHIE PUBLIÉE DANS EDWARD S. CURTIS, *THE NORTH AMERICAN INDIAN, 1907-1930,* SEATTLE, WASHINGTON • LIBRARY OF CONGRESS, Nº LC-USZ62-119411

Mandan Indian, George Catlin

PHOTOGRAPHIE TIRÉE DE GEORGES CATLIN, *ILLUSTRATIONS OF THE MANNERS, CUSTOMS AND CONDITION OF THE NORTH AMERICAN INDIANS,* LONDRES, S.É., 1845, VOL. 1, P. 92 • MUSÉE DE LA CIVILISATION, BIBLIOTHÈQUE DU SÉMINAIRE DE QUÉBEC (FONDS ANCIEN), Nº 19.1.2 V.1 • PHOTO : JACQUES LESSARD

e earth
d
self
one
d.”

Chief Joseph (Hinmaton Yalatkit), s.d.

Né en 1832, le chef Joseph, de la tribu des Nez-Percés, a mené une des retraites militaires les plus brillantes de l'histoire américaine. En l'espace de trois mois, en1877, il conduit son peuple (700 hommes, femmes et enfants, dont 200 guerriers) sur une distance de 2 250 kilomètres, de l'Idaho jusqu'au nord du Montana, à travers des combats, des escarmouches, des fuites et des ruses. Traqué par les troupes américaines avant d'avoir réussi à trouver refuge au Canada, comme il l'espérait, il doit se rendre alors qu'il n'est qu'à 60 kilomètres de la frontière canadienne. Il dit un jour dans un discours : « Je suis las de lutter. » C'est tout dire.

AFFICHE • LIBRARY OF CONGRESS, Nº LC-USZ62-126058 • PHOTOGRAPHE ANONYME

Cow-boy indien du Montana, 1907

LIBRARY OF CONGRESS, Nº LC-USZ62-55136

OSAGE WARRIOR.

The Sun Dance, Frederic Remington, 1909

Frederic Remington aurait été témoin de ce rituel religieux sur une réserve des Pieds-Noirs en 1890. Ce rituel, pratiqué au solstice d'été, pouvait durer de quatre à huit jours, débutant et se terminant au coucher du soleil. Parmi plusieurs activités, l'une d'entre elles suscita tant de dégoût auprès des Blancs qu'ils bannirent cette danse au tournant du XXe siècle. Les danseurs s'infligeaient la torture d'attacher la peau de leur poitrine à un arbre puis tentaient de se délivrer jusqu'à ce que la peau se déchire, les libérant de la torture et signifiant la renaissance.

HUILE SUR TOILE • 73 X 108 CM • FREDERIC REMINGTON ART MUSEUM

Osage Warrior, George Catlin

George Catlin est le premier artiste à voyager à l'ouest de Saint-Louis avec l'objectif d'apprendre à connaître les Indiens et à témoigner de leur culture par la peinture. Son intention se distingue de celle des trappeurs, des commerçants, des missionnaires, des explorateurs et des pionniers plutôt en quête de terres. En 1830, son premier voyage, qui l'amène au Missouri, lui est rendu possible par le célèbre général William Clark. Il organise par la suite lui-même ses voyages et visite ainsi 48 tribus. On dit qu'avec son contemporain Karl Bodmer, peintre suisse, il est l'artiste qui a le plus fait pour témoigner de la vigueur de la culture des Indiens des plaines des années 1830.

ŒUVRE TIRÉE DE GEORGE CATLIN, *LETTERS AND NOTES ON THE MANNERS, CUSTOMS AND CONDITION OF THE NORTH AMERICAN INDIANS,* PHILADELPHIE, S.É., 1857, VOL. 2, P. 458 • MUSÉE DE LA CIVILISATION, BIBLIOTHÈQUE DU SÉMINAIRE DE QUÉBEC (FONDS ANCIEN), Nº 587.3.2 V.2 • PHOTO : JACQUES LESSARD

PAGES SUIVANTES:

American Buffaloe, Titian Ramsay Peale, 1832

Peale a vécu au XIXe siècle, à l'époque où on chassait encore le bison dans les plaines de l'Ouest américain et canadien. Il en a fait des thèmes de son œuvre, influençant du coup l'œuvre d'autres artistes, dont celle de Charles M. Russell, artiste emblématique de l'Ouest américain. Le bison était intégré à la vie des Indiens des plaines. Ils le chassaient pour se nourrir, pour se vêtir et pour se chauffer. Leur spiritualité lui faisait également une place importante.

LITHOGRAPHIE COLORÉE À LA MAIN, DÉTAIL • 17,5 X 24 CM • ŒUVRE TIRÉE DE TITIAN RAMSAY PEALE, *AMERICAN BUFFALOE* • AMON CARTER MUSEUM, FORT WORTH, TEXAS, Nº 1964.65

Ghost Dance Shirt, Arapaho, vers 1890

Cette chemise était l'objet principal du rituel de la danse du fantôme. Elle devait, selon les croyances indiennes de l'époque, protéger contre les balles des Blancs. Tout le rituel de la *ghost dance* était d'ailleurs consacré au rejet de la civilisation blanche. Lorsqu'en 1890 le respecté guerrier sioux Sitting Bull adopte la doctrine de la *ghost dance,* les Blancs s'en inquiètent et le font arrêter. Il se fait alors tuer dans une escarmouche. Quinze jours plus tard, les adeptes du même rituel sont rassemblés à Wounded Knee Creek, puis sont à leur tour tués sans que la fameuse chemise n'ait pu les protéger.

PEAU DE WAPITI TANNÉE, PLUME D'AIGLE, PIGMENT • BUFFALO BILL HISTORICAL CENTER, CODY, WYOMING • CHANDLER-POHRT COLLECTION, GIFT OF THE SEARLE FAMILY TRUST AND THE PAUL STOCK FOUNDATION, Nº NA.204.5

Porte-bébé, s.d.

Culture indienne kootenay. Les communautés indiennes des plateaux étaient reconnues pour leurs porte-bébé décorés.

BRODERIE DE PERLES • 81 X 33 X 13 CM • GLENBOW MUSEUM, CALGARY, ALBERTA • PHOTO : GLENBOW MUSEUM

Robe biographique, White Swan, fin du XIXe siècle

Les Indiens de l'Ouest s'enveloppaient traditionnellement de ces peaux de bison qu'ils décoraient fort adroitement en évoquant des moments de leur histoire et par des motifs schématiques. Il s'agit ici d'une peau dont la décoration est attribuée à un artiste crow du nom de White Swan.

PEAU DE BISON PEINTE ET BRODÉE DE PERLES • INDIENS CROW • HAYNES FOUNDATION COLLECTION • MONTANA HISTORICAL SOCIETY, HELENA, Nº 78.38.105

PAGES SUIVANTES :

***A Western Jury*, John Dare Howland, 1883**

HUILE SUR TOILE • AUTRY MUSEUM OF WESTERN HERITAGE, LOS ANGELES, CALIFORNIA

04— RANCHESTER
OLD LANDER
TRIPLE O
SN—
KENDRICK
TONGUE RIVER
MUSSELSHELL
POWDER RIVER

CHAPITRE 5

Propos sur la simplicité

Powder River, Jack et Kittie Lee, 1932

EXPOSITION ET STAMPEDE DE CALGARY • GLENBOW ARCHIVES, CALGARY, ALBERTA

Habit de spectacle d'inspiration indienne porté par Hank Snow, Nudie

Le grand chanteur country Hank Snow était Canadien. Né en Nouvelle-Écosse, il commence à faire de la musique dans les années trente et est influencé par la musique de Jimmie Rodgers. On le surnomme alors « Hank, the Yodeling Ranger ». Il devint célèbre aux États-Unis dans les années cinquante et déménagea alors à Nashville, comme l'évoque sa chanson « I'm Movin' On ». Il acquit par la suite une réputation internationale.

COUNTRY MUSIC HALL OF FAME, NASHVILLE

SB SOUS LA DYNASTIE MONGOLE DES YUANS, il y a sept cents ans en Chine, l'administration de Qūbilai Khān mit sur pied et entretint un système de poste impériale qui mobilisait deux cent mille chevaux et autant de cavaliers, réseau dont l'objectif était de ramener à l'empereur des nouvelles de tous les recoins de l'empire sino-mongol, qui était grand, comme chacun sait. Par le moyen de ces incessantes courses à relais dont chaque étape était parcourue à bride abattue, le système fonctionna longtemps et l'empereur était bien informé. Voilà un vrai Pony Express. La même observation, à plus petite échelle, pourrait être faite au sujet d'un autre empereur, plus récent celui-là, Napoléon, dont la manie consistait à garder un lien quotidien entre lui-même et la capitale, quels que soient les endroits où ses conquêtes le conduisaient. Il y avait donc des courriers à cheval qui partaient tous les jours, qui de Russie, qui d'Égypte, afin de rapporter des nouvelles de l'empire à l'empereur, et inversement.

Quel est le lien entre ces histoires et la chanson country ? Tout un, en réalité. La culture country est la première victoire historique de l'humanité ordinaire sur les grands de ce monde dans l'ordre des mythes à construire. Jamais auparavant le monde ne s'était préoccupé des personnes affectées à ces tâches considérables comme celles de passer sa vie sur un cheval à parcourir l'Asie pour livrer du courrier impérial. Mais dans la légende du Far West, les petites gens reprendront leurs droits. Ils vont créer leur propre histoire, se chanter eux-mêmes et parler de leurs propres exploits.

BA LA LUCIDITÉ ET LA SINCÉRITÉ sont d'excellents chemins pour atteindre la vérité. En particulier quand on s'y rend en ligne droite, sans passer par quatre chemins ou par des sentiers de travers. Le country propose d'atteindre cette vérité profonde enfouie en chacun de nous, celle qui nous pousse à croire qu'il existe quelque part des certitudes et des valeurs élémentaires qui mériteraient d'être traitées comme les dogmes fondamentaux de l'existence. À la manière des sculpteurs inuits, le grand Hank Williams disait que la chanson country existe déjà dans le monde et que le rôle de l'artiste se limite à la débusquer pour la révéler.

Contrairement aux autres vedettes de la chanson qui se croient bénies par ce talent exceptionnel qui les marque et les distingue de leurs admirateurs, les artistes du country sont rarement prétentieux. Au contraire, ils insistent pour souligner combien ils sont demeurés modestes. Leur musique est du genre qui n'a jamais été prévu dans les conservatoires ou les facultés de musique. On est loin du concerto italien de Jean-Sébastien Bach ou de la complexité des œuvres de Herbie Hancock. Le country est une musique tellement facile qu'en écoutant les trois accords rudimentaires d'une chanson typique, chacun a l'impression de pouvoir en faire autant. Les refrains sont d'une simplicité mémorable.

SB CAR LA CULTURE WESTERN chante et célèbre une révolution qui a bel et bien eu lieu mais dont les intellectuels sérieux ont toujours eu de la difficulté à saisir les tenants et les aboutissants. François Villon vivait au Moyen Âge, était barde et poète, et avait un penchant country. Mais François Villon, dont la vie est si mal connue, n'entrait pas dans les grâces de son temps. Ses sujets, qui parlaient de l'ordinaire et qui finissaient par le célébrer, n'ont pas eu de suite dans une culture européenne qui allait plutôt promouvoir l'élite, chanter le raffinement, cultiver le ridicule et le précieux, autant de choses bien éloignées du peuple. Mais qui se soucie des soucis du bas-peuple ? Ce dernier, s'étant toujours exprimé en catimini par le biais de ritournelles et de refrains qui n'avaient aucun droit à quelque prétention artistique que ce soit, va finalement trouver dans le mythe western de quoi alimenter une grande ballade en l'honneur de lui-même. Ce sera le country.

Nous allons chanter, non plus les états d'âme de l'empereur, des ministres ou des mandarins, des généraux ou des barons, des chevaliers ou des princesses, nous allons pour une fois chanter la vie du simple et de l'ordinaire, la vie des effacés, des anonymes, des travailleurs, de ceux qui cavalent de jour et de nuit, par tous les temps, de ceux qui occupent l'intervalle entre les exploits des grands de ce monde, de ceux qui les soutiennent et qui les font se réaliser. Nous sommes loin de Lamartine, quand on écoute Johnny Cash.

Hank Williams

Né en 1923, Hank Williams fut pionnier de la chanson country. Écrivain de génie et grand interprète, il fut reconnu comme le roi du honky tonk. Usé par la vie et par l'alcool, il mourra en 1953, à 30 ans à peine. On le voit ici en spectacle portant un habit signé Nudie, le *rodeo-tailor* le plus branché des États-Unis pendant un demi-siècle. Les bottes sont de la Dixon Boot Company, Whichita Falls, Texas. Décorées à leur tour, elles s'harmonisent à l'habit.

COUNTRY MUSIC HALL OF FAME, NASHVILLE

BA LA MUSIQUE COUNTRY n'est à peu près jamais admise dans les grandes salles de concert, elle ne joue pas à la radio nationale, ne reçoit pas de subventions et ses interprètes ne fréquentent ni les cabarets à la mode ni les boîtes à chanson. Mais elle vend beaucoup. Et dans les bars enfumés et les salles minables où ils se donnent en spectacle, les artistes du country jasent et boivent avec les spectateurs, certains se tiennent près de la porte pour les accueillir, leur serrer la main et s'informer de la bonne fortune du monde ordinaire. Les chanteurs country font ce qu'il faut pour convaincre leur auditoire que nous n'appartenons pas à une société de privilèges et qu'une vedette peut connaître le succès tout en demeurant modeste et en n'oubliant jamais que le commun des mortels apprécie les lieux communs. D'autres parleraient du principe de l'écart minimal entre l'artiste et son public ou, plus simplement, de chaleur humaine.

***Sur le ranch*, 1964**

À l'instar de Willie Lamothe et Paul Brunelle, Marcel Martel fut un cow-boy de la première heure. Auteur, compositeur et interprète, on lui attribue un répertoire de plus de 800 chansons, parmi lesquelles on trouve ses propres créations et des chansons américaines qu'il a traduites. Son premier 78 tours (1947) présentait «La chaîne de nos cœurs» et «Souvenir de mon enfance». Citons, parmi ses grands succès, «Au cœur de mes amours» et «Bonsoir chérie».

MICROSILLON • LONDON, DF-2017 • PRÊT DE FRÉDÉRIC BERGERON • PHOTO : JACQUES LESSARD

SB LA TRADITION MILLÉNAIRE DE L'ORDRE ÉTABLI, toutes civilisations confondues, a exigé de l'être humain la soumission, la résignation et l'effacement. Personne n'a chanté le désespoir des constructeurs de la Grande Muraille de Chine, des ouvriers-esclaves qui ont érigé les pyramides d'Égypte et le travail en usine ou dans les mines en 1820 en Europe, qui ont fait les gloires et les fortunes solides de l'histoire officielle du monde civilisé. La littérature réaliste des grands auteurs français du XIXe siècle s'intéressera au pauvre monde, mais il n'en retiendra que la misère absurde ; ce n'est pas pour rien que l'œuvre sociale de Victor Hugo s'intitule *Les Misérables*. De son côté, le *Germinal* de Zola ne donne pas le goût d'aller travailler. Et plus tard, il est extrêmement difficile d'imaginer Sartre, auteur de *Les Chemins de la liberté,* en train d'écouter Dolly Parton, voire d'apprécier Hank Williams.

BA LES CHANSONS TRAITENT GÉNÉRALEMENT de thèmes aussi banals que convaincants. Les textes doivent être clairs et immédiatement intelligibles. La poésie paraît souvent primaire, mais c'est le génie du country que de trouver les mots pour dire les choses de la vie avec justesse et précision, de dénicher la formule économe et les paroles exactes qui résument parfaitement une situation. En d'autres mots, avoir l'air lucide et sincère, être adepte du terre-à-terre et ainsi paraître parfaitement vrai. L'amateur a le sentiment que c'est exactement ce qu'il souhaitait exprimer lui-même.

SB DANS LA MODERNITÉ AMÉRICAINE, la philosophie de château fait place à la philosophie de la route, du déracinement et de l'exil. Le monde country va déborder la culture western pour finir par englober un pan énorme de la culture populaire par le biais de son traitement de la condition humaine. À ceux qui se demandent encore pourquoi la musique et la chanson country restent de loin les productions les plus écoutées, les plus achetées, les plus vendues, il faut dire la simple vérité : le monde se reconnaît plus dans ces mots et ces complaintes que dans *La Chartreuse de Parme* de Stendhal. Ce fait n'enlève rien aux nombreux chefs-d'œuvre de la littérature contemporaine ou classique. Mais la culture populaire existe aussi, elle a ses assises et elle se développe de plein droit.

Danse en ligne, Festival western de St-Tite, 2001

PHOTO : JEAN VACHON

Je chante à cheval avec Willie, 1971

Ce film rend hommage au talent de Willie Lamothe, le « cow-boy chantant » du Québec.

JE CHANTE À CHEVAL AVEC WILLIE, QUÉBEC, 1971, RÉALISATEURS : JACQUES LEDUC, LUCIEN MÉNARD • COLLECTION CINÉMATHÈQUE QUÉBÉCOISE, Nº 1995.1561.PH • OFFICE NATIONAL DU FILM DU CANADA, COLL. ONF • PHOTO : BRUNO MASSENET

Les sujets de la musique country sont vastes. Ils ont cependant l'avantage de mettre au jour l'âme, le cœur et les sentiments d'une foule de personnages qui, autrement dans l'histoire du monde, n'ont jamais eu droit au chapitre. Nous sommes devenus des individus et les individus se perdent dans leur immense liberté. Le combat entre le Bien et le Mal est devenu une affaire personnelle. Chanteurs et chanteuses vont parler de la condition humaine à travers leur propre destin, dans des mots ordinaires et dans la langue courante. Au berceau, nous sommes tous des petites reines, des petits princes. Mais il arrive trop souvent que ton père t'abandonne, que la ferme soit saisie, que le monde dans lequel tu arrives soit si pauvre que tes parents n'arrivent plus à te nourrir. Chaque humain a son histoire et cette histoire peut être racontée ; les destins exceptionnels sont avortés, la vie nous pousse sur la route, nous trouvons l'amour pour le perdre cruellement, nous vivons le froid de la solitude, la quête de la fortune impossible.

BA LE CHARME DU COUNTRY tient au fait qu'il réussit à réduire l'infiniment embrouillé au parfaitement élémentaire. Soudain, la complexité de cet univers souvent contradictoire et presque toujours incertain devient intelligible. Comme dans une magistrale formule scientifique qui, par $E = mc^2$, résume toute l'énergie du monde, le country prétend que, dans le fond, les mystères de la vie sont relativement accessibles et facilement saisissables. Le western et le country résument, simplifient et soulignent à traits gras les principes élémentaires de l'existence : la rivalité du Bon et du Méchant, de l'amour et de la haine, de la rancune et de la justice, le grand jeu de l'attrait et du rejet, des affinités et des contraires.

Quand tout a été dit, il ne reste plus qu'un homme et une femme qui s'aiment, l'un et l'autre inquiets de perdre ce grand amour, parce que la vie autrement serait triste et que la vie mérite d'être belle. Point. Inutile d'en rajouter pour compliquer tout le reste, les amateurs de country fréquentent peu les officines de la psychanalyse. C'est un peu ce que Camus disait du football : le plaisir profond de retrouver les joies faciles de l'enfance et de se retrouver, pour une fois, face à face avec l'incontestable. Le country serait la Coupe du monde de la communication avec l'humanité entière.

***C'est notre amour...*, s.d.**

Vers la fin des années soixante, Jerry Robitaille et sa femme Jo'Anne débutent leur carrière dans la chanson country. Ils adoptent un répertoire anglophone et francophone, et puisent à même l'esprit du nouveau country américain. Ce couple a marqué la musique country québécoise par son professionnalisme. Ils ont remporté deux prix de l'ADISQ. Un premier en 1982 pour le meilleur microsillon country/western de l'année, pour *Jerry et Jo'Anne,* et le second en 1884, dans la même catégorie, pour leur disque *Aujourd'hui*. On se souvient de leur chanson « On est fait l'un pour l'autre ».

MICROSILLON • LES DISQUES PACHA, PAC8801 • PRÊT DE FRÉDÉRIC BERGERON • PHOTO : MICHEL BIGUÉ, PUIS JACQUES LESSARD

SB IL FAUT SE LEVER LE MATIN, il nous faut faire notre journée. Le chemin de notre liberté est parsemé d'embûches dont la moindre n'est pas la simple longueur de la route. Nous partons, nous roulons, nous nous enfonçons dans les paysages froids de la vie, puis nous vieillissons et nous mourons, dans un fossé quelconque, au milieu de nulle part, rapidement oublié dans un monde qui ne retient pas les destins des perdants. Les sujets du country sont la plupart du temps des marginaux à la dérive, des bonnes personnes qui cherchent mais ne trouvent pas, qui ont connu mais qui ont aussi perdu, qui ne se rappellent plus, des esprits lucides et des grands cœurs qui se trouvent sur la face cachée du monde et qui affrontent tous les cas de figure du destin.

BA LE WESTERN ET LE COUNTRY procurent le plaisir immense de se sentir en confiance dans un genre qui ne ment jamais. C'est un monde qui tolère mal la supercherie ou la fraude. L'amateur a le sentiment très net de n'être jamais pris pour un dupe, ce qui, dans notre société, est devenu un privilège rare.

SB LA CHANSON COUNTRY nous dit qu'il est une chanson pour chacun de nous et que cette chanson sera notre consolation. Quand la morale trouve une façon simple de s'exprimer, son efficacité est effrayante. Et les chansons country sont souvent moralisatrices à outrance : il ne fallait pas sombrer dans l'alcool, il ne fallait pas quitter cette femme, la seule que tu aimais, perdue à jamais, il ne fallait pas faire ceci ou cela. Une seule erreur dans la vie peut te conduire sur les routes du regret, à jamais. On paie une dette, à jamais. Impossible de revenir en arrière. Et Dieu sera souvent présent, ainsi que la justice, voire la prison. Il ne fallait pas tuer ces gens, amener ton fusil avec toi ce soir-là. Oui, chacun se reconnaît dans ses culpabilités, ses espoirs et ses désespoirs, sa solitude et son absurde.

BA LE COUNTRY S'EXPRIME CLAIREMENT et ne cherche pas à faire dans la dentelle. Ses thèmes favoris veulent toucher le plus grand nombre, ses convictions profondes se résument à peu de chose. En plus de l'amour, du destin et des injustices, du chagrin et du désespoir, le country n'hésite pas à affirmer qu'il faut aimer ses parents, protéger sa famille, demeurer fidèle à ses amis, que l'amitié est belle mais difficile, que nous serions tristes, demain, si l'amour de notre vie mourait durant la nuit, que boire beaucoup rend saoul, que certains boivent pour oublier et que deux âmes solitaires qui se rencontrent par hasard peuvent avoir pour destin de s'aimer.

SB POÉSIE ORDINAIRE, PHILOSOPHIE SPONTANÉE, cette culture va devenir une critique sociale incontournable. Elle est celle du travailleur à la chaîne, du chômeur, du déraciné, des victimes d'injustices, des victimes de tous les abus de pouvoir, des trahis et des abandonnés, des laissés pour compte, des prisonniers et des pauvres. Les voix country sont insidieusement familières, souvent graves, fatiguées, éraillées ou hautes et plaintives. C'est aussi la voix de la chanteuse qui pourrait être serveuse dans un *truck stop*. Mais une serveuse qui chante sur scène comme on traverse une salle de restaurant avec une assiette de *club sandwich* dans la main, en donnant l'impression de traverser la vie de tous les jours, avec son corps, ses gros seins, ses beaux yeux et son grand cœur de bonne femme, de bonne amante et de bonne mère.

C'est donc la simplicité toute nue de la morale et de la consolation qui perce la chanson country quand celle-ci se fait répétitive, sérieuse, vraie. Notre besoin de consolation ne sera jamais rassasié, dit ce beau titre d'un livre dont l'auteur s'est d'ailleurs suicidé. La gravité des choses va jusque-là.

Nous sommes loin de Voltaire.

Mara Tremblay, 2001

Mara Tremblay n'est pas une chanteuse country, et bien habile serait celui qui pourrait classer sa musique dans une catégorie particulière. À preuve, elle a gagné en 1999 le Félix de l'album de l'année dans la catégorie rock alternatif ! Mara Tremblay intègre plutôt dans ses chansons toute une variété d'influences, et le country représente assurément l'une d'elles. Jouant tour à tour du violon ou de la mandoline, cette chanteuse multi-instrumentiste reflète bien le renouveau de la musique country d'aujourd'hui.

PHOTO: MARTIN BUREAU

BA COMPRENDRE « LE COW-BOY FAIT LE TOUR DE LA MONTAGNE, la montagne fait le tour du cow-boy » n'exige pas de doctorat en pétrologie paléolithique. Alors que tant d'artistes bourgeois répètent d'énormes banalités sur les tons les plus prétentieux, les artistes country énoncent de grandes vérités sur le ton le plus banal.

Ils expriment des évidences mais avec une absolue franchise : « *Don't let your son grow up to be a cowboy* », « *Too lazy to work, too nervous to steal* », « *It's all right to be a redneck* » (Alan Jackson), « Y fait pas beau tout le temps » (Mara Tremblay), « Et j'ai couché dans mon char » (Richard Desjardins), « *I breathe in, I breathe out* » (Chris Cagle), « *I'll never get out of this world alive* » (Hank Williams), « *Don't take your gun to town* » (Johnny Cash), « *I can't forget that I don't remember* » (Leonard Cohen). On pourrait citer des milliers d'exemples. Entre autres, ce texte exemplaire de Richard Desjardins et Michel X. Côté tiré du film *Le Party*, de Pierre Falardeau, et interprété par Lou Babin.

Rien qu'une loi
Un seul désir
Aller vers toi
Toi tu m'attires
Un pas de plus
Une seconde
Et nous serons
Tout seuls au monde

Si près de moi
Si près de toi
Viens, viens
Dans mes bras

Je sens ton ombre
Sur ma peau
Je sens ton souffle
Dans mon dos

Je sens ta bouche
Qui me touche
Des griffes de feu
Sur mes yeux

Je sens monter
Le grand frisson
Je sens venir
La sensation
Avance avance
N'hésite pas
Entre mes hanches
C'est ça, c'est ça

Au fond de moi
Au fond de toi
Viens, viens
Dans mes bras

Ces mots sont répétés depuis le début de l'humanité. Ce n'est donc pas demain que l'on réussira à ralentir la force du country.

Richard Desjardins

Plusieurs chansons de cet auteur, compositeur et interprète québécois revêtent un caractère country, notamment le succès « Quand j'aime une fois j'aime pour toujours ».

PHOTO : LÉOPOLD ROUSSEAU

SB AUTREMENT, À L'AUTRE BOUT DE LA CHAÎNE, oubliant un instant notre profonde solitude, nos échecs, notre culpabilité et notre incommensurable nostalgie, il y a la fête, il y a la famille humaine, la communauté. La musique country va couvrir cet autre champ bien amplement lui aussi. Là encore, sa simplicité sera efficace. La vieille chanson à répondre qui unissait les assemblées va trouver une plage moderne pour se métamorphoser. Ici, le registre de la solitude s'efface au profit de la communauté. La musique prend le pas sur tout le reste. Les mots en viennent parfois à presque rien, mais le country n'a pas le monopole de cette négligence. Dans certains styles musicaux, le rock en est un bel exemple, les mots sont secondaires, ils sont simplement prétextes à danser ensemble, à faire de la musique, à battre la mesure. La popularité de la danse en ligne, les bottes, les jeans et les chapeaux créent une véritable communauté festive ; la fête pour oublier, le temps d'un *party* country, la solide platitude du quotidien. La bonne humeur est franche, tout est bon à l'esprit country quand il s'agit de trancher sur la grisaille des jours. La danse country est sur ce point incomparable. Elle sera collective, cette danse. Un retour à la danse carrée, à la gigue, à la ronde, à la ligne, confirmation de tout ce qui nous lie.

En somme, la popularité trouve sa victoire dans la popularité, le principe même de la chansonnette et de la musique sans prétention que nous écoutons parce qu'elles reflètent profondément ce que nous sommes. Le country n'a rien à prouver ou à démontrer. Sa franchise est désarmante. L'élite aura toujours un problème avec la célébration de l'ordinaire. Car il avait toujours été reconnu que la culture était réservée aux gens cultivés, comme si le peuple n'avait pas de sentiments. Le country est l'éclatante démonstration du contraire. Car la complainte du cavalier numéro 65 897 de la chaîne des postiers de Qūbilai Khān vaut bien celle du roi Arthur.

Quinzième anniversaire, Willie Lamothe et ses cavaliers des plaines, 1961

Pendant plus de 30 ans, Willie Lamothe est demeuré le « roi des cow-boys québécois » grâce à son humour et à sa personnalité attachante. Auteur et compositeur de la plupart des chansons qu'il a interprétées, il a été l'un des premiers chanteurs country du Québec. Non seulement il remporte un succès notoire au Québec à partir de 1946 avec « Je suis un cow-boy canadien » et « Je chante à cheval », mais il était populaire auprès des Franco-Américains. En 1982, il reçut un disque d'or pour la vente de plus d'un million de disques aux États-Unis.

MICROSILLON • LONDON, PM 401 • PRÊT DE FRÉDÉRIC BERGERON • PHOTO : JACQUES LESSARD

Les années d'or de Bobby et les frères Hachey, 1973

Renommé pour son association avec Willie Lamothe, le grand guitariste Bobby Hachey mène sa propre carrière en parallèle. Certains inscrivent sa performance dans la tradition de Hank Snow et de Wilf Carter.

MICROSILLON • MANITOU, MAN 11006 • PRÊT DE FRÉDÉRIC BERGERON • PHOTO : JACQUES LESSARD

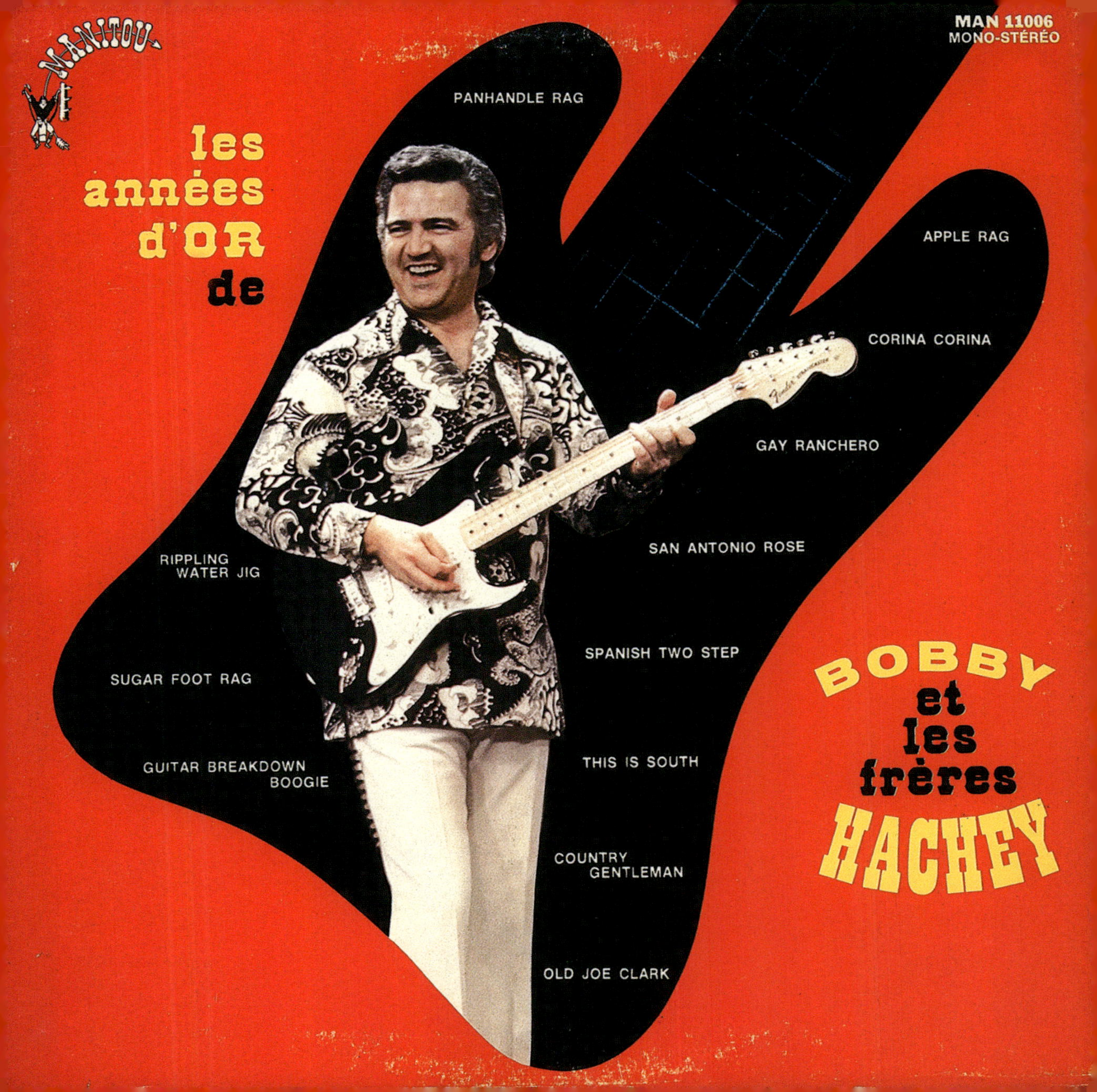
MANITOU
MAN 11006
MONO-STÉRÉO
les années d'OR de
PANHANDLE RAG
APPLE RAG
CORINA CORINA
GAY RANCHERO
SAN ANTONIO ROSE
RIPPLING WATER JIG
SPANISH TWO STEP
SUGAR FOOT RAG
GUITAR BREAKDOWN BOOGIE
THIS IS SOUTH
COUNTRY GENTLEMAN
OLD JOE CLARK
BOBBY et les frères HACHEY

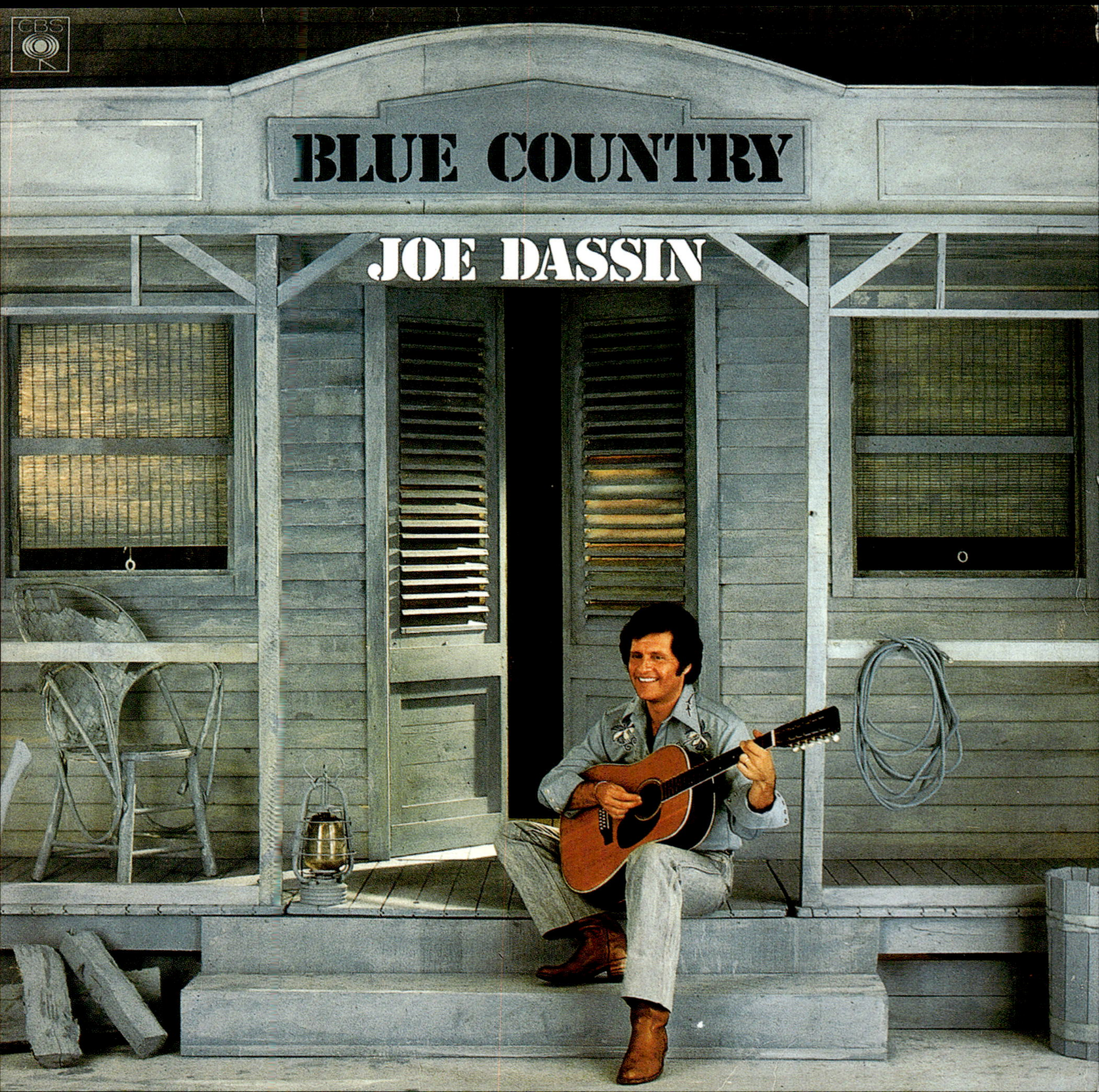
CBS
BLUE COUNTRY
JOE DASSIN

Un coin du ciel, 1981

Renée Martel participe dès l'âge de cinq ans aux tournées de ses parents. Elle chante « Un coin du ciel », une composition de son père Marcel Martel, avec qui elle travaillera, à l'occasion, au cours de sa carrière. Sa chanson « J'ai un amour qui ne veut pas mourir » et son interprétation de « Cow-girl dorée », de Robert Charlebois, rencontrent un immense succès. En 1983, son disque *C'est mon histoire,* vendu à plus de 100 000 exemplaires, remporte le Félix de l'album country de l'année.

MICROSILLON • LES PRODUCTIONS GUY CLOUTIER INC. 1-1819 • MUSÉE DE LA CIVILISATION • PHOTO : JACQUES LESSARD

Blue Country, 1979

Joe Dassin, illustre représentant de la chanson française, mais Américain d'origine, a fait plusieurs incursions dans l'imaginaire western. Ce disque, qui compte les chansons « Blue Country » et « La fille du shérif », en témoigne. Certains amateurs écoutent toujours avec plaisir sa chanson de 1967 intitulée « Les Dalton ».

MICROSILLON • CBS DISQUES CANADA LTÉE • PRÊT DE FRÉDÉRIC BERGERON • PHOTO : JACQUES LESSARD

Switched on Nashville, Country Moog, 1970

Il en faut pour tous les goûts : même la musique électronique a parfois donné dans le country, avec Gil Trythall !

MICROSILLON • QUALITY RECORDS • PRÊT DE JEAN-FRANÇOIS BERGERON • PHOTO : JACQUES LESSARD

Plein l'dos, 1996

Gildor Roy a remporté plusieurs Félix dans la catégorie Album de l'année au Gala de l'ADISQ. En 1992, il gagne ce prix dans la catégorie Country pour son premier disque *Tard le soir sur la route*. En 1994 et 1996, il reçoit celui de la catégorie Country/Folk pour *Une autre chambre d'hôtel* et *Plein l'dos*. Gildor Roy est perçu comme un des fleurons du renouveau country au Québec.

DISQUE COMPACT • PASSEPORT PAS-CD-1209, DISTRIBUTION SÉLECT • PRÊT DE MADELEINE BÉLAND • PHOTO : JACQUES LESSARD

The French Song, 1964

Franco-manitobaine d'origine, Lucille Starr (née Raymonde Marie Savoie en 1938) a contribué à la notoriété de la chanson country sur le continent et dans le monde entier par son interprétation, en 1964, de « Quand le soleil dit bonjour aux montagnes », dont le titre original est « The French Song ». Elle chante cette chanson dans les deux langues sur ce disque.

MICROSILLON • A & M RECORDS 107, PRODUCTEURS : HERB ALBERT, JERRY MOSS. COPRODUCTEUR : DORSEY BURNETTE • MUSÉE DE LA CIVILISATION • PHOTO : JACQUES LESSARD

Orgue Western, Fernand Lapierre, vol. 6, s.d.

Fernand Lapierre était organiste pour les Expos de Montréal à leurs débuts au Parc Jarry. Cela ne l'a pas empêché, au cours des années soixante-dix, de faire lui aussi son album de musique western... à l'orgue !

MICROSILLON • FRANCO DISQUE INC. • PRÊT DE JEAN-FRANÇOIS BERGERON • PHOTO : JACQUES LESSARD

Mes premières compositions, vol. II, 1968

Un des pionniers du genre western au Québec, Paul Brunelle est auteur, compositeur et interprète. En 1944, RCA Victor considère que Paul Brunelle est susceptible de concurrencer le Soldat Lebrun. La compagnie produit son premier disque western qui remporte un succès immédiat au Québec. Avec sa troupe Les Troubadours du Far West, il parcourt pendant 10 ans le Québec, l'Ontario, les provinces maritimes et la Nouvelle-Angleterre. Mentionnons trois de ses grands succès : « Le train qui siffle », « Mon enfant je te pardonne » et « La chanson du prisonnier » (traduction d'une chanson américaine).

MICROSILLON • RCA-GALA, CGP-318 • MUSÉE DE LA CIVILISATION • PHOTO : JACQUES LESSARD

« Musique country » : Une tradition familiale, 1984

Auteur, compositeur et interprète, Marie King signe à partir de 1956 des textes originaux que son mari met en musique. Dans les années soixante et soixante-dix, elle devient une des meilleures vendeuses de disques au Québec. Parmi ses grands succès, signalons son interprétation de « Quand le soleil dit bonjour aux montagnes » et sa chanson « Allô mon p'tit Bobby». En 1969, elle remporte le trophée de l'artiste western ayant vendu le plus de disques dans l'année. La reine du western, comme on l'a surnommée, continue de se produire sur disque et en spectacle dans la première moitié des années quatre-vingt.

MICROSILLON • DILIGENCE, 1808 • MUSÉE DE LA CIVILISATION • PHOTO : JACQUES LESSARD

LE GRAND SUCCÈS "QUAND LE SOLEIL DIT BONJOUR AUX MONTAGNES"
Lucille Starr
THE FRENCH SONG
CRAZY ARMS · LA VIE EN ROSE
IN A LITTLE SPANISH TOWN
YOURS · SUKIYAKA
WOODEN HEART · RELEASE ME
MY MAN · DOMINIQUE · COLINDA
JOLIE JACQUELINE
STEREOPHONIC
HIGH FIDELITY RECORDING
A&M RECORDS
107

tc Maximum
ORGUE WESTERN
FERNAND LAPIERRE
Vol. 6
JAMBALAYA
J'AI UN AMOUR QUI NE VEUT PAS MOURIR
TOGETHER AGAIN
YOUR CHEATIN' HEART

RCA
CGP-318
GALA
PAUL BRUNELLE
MES PREMIÈRES COMPOSITIONS, VOL. II
Au loin là-bas dans ma prairie
Le train qui siffle
Dites-moi bonjour
Mon triste souvenir
Je retourne au Texas
Chaque soir au clair de lune
Bonne nuit
Nous t'aimons tous, maman
Il n'est jamais trop tard
Argentine

Diligence
D-1808
"MUSIQUE COUNTRY"
UNE TRADITION FAMILIALE
Marie King
AVEC BOB KING ET CAROLE
MON PETIT DANNY
SI JE DEVAIS REFAIRE MA VIE
FOLLE DE TOI
CHANSON POUR WILLIE
WORKING ON THE COUNTY ROAD
AUJOURD'HUI SERA LE PREMIER JOUR
LES DERNIERS JOURS D'AMOUR
MAMAN NE T'EN FAIS PAS
LET'MAKE A FAIR TRADE
ÉTOILE DE MES RÊVES

Roy Rogers

Roy Rogers, né Leonard Slye en Ohio, est « couronné » en 1943 roi des cow-boys d'Hollywood par les Republic Studios. Sa carrière de cow-boy chantant suit la voie tracée par Gene Autry, le Numéro 1 des cow-boys chantants lors de la décennie précédente. Le succès de ces interprètes démontre la force du mythe de l'Ouest et son étonnante fusion avec la musique country du sud des États-Unis.

CARTE POSTALE, S.D. • ARCHIVES NATIONALES DU QUÉBEC À QUÉBEC, Nº P547, S2, SS1, D13 • PHOTOGRAPHE ANONYME

Elvis Presley

La vedette incontestée du rock'n'roll a aussi chanté du country. Il a même transformé le genre. Elvis Presley invente le rockabilly à Memphis, au Tennessee, en 1954, avec les musiciens Scotty Moore et Bill Black.

CARTE POSTALE, S.D. • EDUG, FRANCE • ARCHIVES NATIONALES DU QUÉBEC À QUÉBEC, Nº P547, S2, SS1, D13

Judy Canova

Née Juliette Canova en Floride en 1913, cette artiste commence sa carrière sur Broadway dans les célèbres *Ziegfield Follies of 1936,* et sera par la suite l'hôtesse du *Judy Canova Radio Show* pendant 12 ans. Elle mène également une carrière d'actrice de cinéma dans des westerns, dont *Oklahoma Annie* (1951).

CARTE POSTALE, S.D. • ARCHIVES NATIONALES DU QUÉBEC À QUÉBEC, Nº P547, S2, SS1, D13 • PHOTOGRAPHE ANONYME

Gene Autry

Gene Autry contribue à la romance de l'Ouest. Il se rend à Hollywood en 1934, à l'invitation des Republic Studios et devient non seulement le cowboy chantant le plus connu des États-Unis, mais aussi un de ses plus célèbres chanteurs hillbilly. Son style combine la ballade sentimentale, le chant de la tradition appalachienne et le western swing texan.

CARTE POSTALE, S.D.• PHOTO-VEDETTES ENR. ÉDITIONS P. I./H.P.S. • ARCHIVES NATIONALES DU QUÉBEC À QUÉBEC, Nº P547, S2, SS1, D13

Shania Twain chantant aux Grammy Awards, Los Angeles, 1999

Née Eilleen à Timmins, dans le nord de l'Ontario, Shania Twain fait ses débuts à l'âge de huit ans. C'est plusieurs années plus tard, en 1993, que Mutt Lange, un producteur de musique rock, la remarque. Aujourd'hui époux et producteur de la vedette, il travaille alors avec Shania à l'écriture de plusieurs chansons. En 1995 paraît le premier d'une longue série de succès dont « Whose Bed Have Your Boots Been Under », qui reflète le caractère dynamique et empreint d'une touche d'humour des chansons de Shania Twain. Elle représente bien le nouveau souffle animant la musique country ces dernières années. Elle a conquis toute une nouvelle génération d'amateurs de musique country.

CP PICTURE ARCHIVES

Dolly Parton, Dollywood, Tennessee

Musicienne déterminée et ambitieuse, Dolly Parton dit un jour : « Je donne naissance chaque fois que j'écris une chanson. » Réputée comme auteur et interprète ayant marqué l'histoire de la musique country, Dolly Parton incarne l'image du succès. Sa carrière est lancée avec la popularité de « Dumb Blonde » (1967) et « Just Because I'm a Woman » (1968) en pleine époque du mouvement de libération des femmes. Avec Dolly Parton, place est faite aux voix de femmes dans le genre musical country, même si on aime dire que sa chanson est féminine sans être féministe.

Édouard Castonguay et sa famille, 1999

Issu d'un milieu où il se faisait beaucoup de musique, Édouard Castonguay, 71 ans, a fait ses débuts dans la chanson western alors qu'il travaillait dans les chantiers forestiers. Il enregistre son premier 78 tours chez RCA Victor en 1956. Sa chanson « Bonne nuit ma chérie » occupe à sa sortie la dixième place au palmarès. Avec sa famille, qui est de tous ses spectacles, Castonguay arpente le Québec, l'Ontario et le Nouveau-Brunswick chantant la simplicité et les valeurs familiales.

DE GAUCHE À DROITE : DAVID, ANITA, ÉDOUARD ET MARTIN • PHOTO : PHOTO ELLES, RIVIÈRE-DU-LOUP

Habit de spectacle signé Nudie, 1975

Habit porté par Johnny Dollar, un chanteur rockabilly des années cinquante. Beaucoup d'interprètes de la musique country rivalisent d'audace dans leur habillement. L'image du Christ portant sa croix fait ici écho aux valeurs traditionnelles souvent présentes dans la musique country.

TISSU ORNÉ DE BRODERIES ET DE CRISTAL DE ROCHE • COUNTRY MUSIC HALL OF FAME, NASHVILLE

Bourse, vers 1950

Faut-il se surprendre de retrouver Roy Rogers, le cow-boy chantant des films western des premières années, sur un accessoire indien ? Peut-être pas, quand on connaît l'association étroite qui a existé entre les cow-boys et les Indiens dans la légende de l'Ouest et dont le *Wild West Show* de Buffalo Bill a si bien témoigné.

BRODERIE DE PERLES, INDIENS DES PLATEAUX • 30,5 X 22 CM • GLENBOW MUSEUM, CALGARY, ALBERTA • PHOTO : GLENBOW MUSEUM

CONCLUSION

Cow-boy dans l'âme... le sacré et le profane

Monument Valley, Navaho Tribal Park, Arizona, 1990

PHOTO : PAULINE HAMEL

Le petit Léo Lauzon avant sa métamorphose en Leolo Lozzone, 1992

Dans les toutes premières images du film *Léolo,* le cinéaste Jean-Claude Lauzon fait lui aussi référence à l'imaginaire du Far West, alors que son personnage principal joue aux cow-boys.

LÉOLO, PARCE QUE MOI JE RÊVE, MONTRÉAL, 1992, RÉALISATEUR : JEAN-CLAUDE LAUZON • GRACIEUSETÉ DES PRODUCTIONS DU VERSEAU

Une soupape

Bernard ARCAND

Que vous soyez professeur de piano à Tokyo ou conseiller en placements à Milan, il se peut fort que vous ayez au moins une fois rêvé de prendre part à une folle chevauchée dans l'Ouest américain, dans les décors fascinants de ces plaines et de ces déserts qui resteront pour vous, au Japon comme en Italie, éternellement inaccessibles. La chose n'a rien de surprenant puisque l'être humain a depuis toujours rêvé, à l'occasion, de quitter son ordinaire pour se rendre ailleurs. De nos jours, cela s'appelle le tourisme et les vacances. De la même manière, tout être humain peut s'imaginer autrement : né à l'autre bout du monde, plus grand, blond, de l'autre sexe, moins pauvre, faisant métier d'architecte ou de danseuse. Certains se demandent s'ils auraient préféré être Alexandre le Grand ou Alexandre VI, Marie-Antoinette ou Robespierre, Attila ou Thérèse de Lisieux.

C'est dans ce contexte que l'image du cow-boy apparaît, presque naturellement. L'Ouest est manifestement « ailleurs » ; ses amateurs vivent dans l'Est, l'Ouest est loin, l'Ouest a disparu et n'a même jamais ressemblé à ça ! Puisqu'il s'agit de rêver, autant le faire jusqu'au bout. Autant imaginer un monde de démesure rempli de paysages grandioses et de personnages mille fois plus grands que nature. Aller au bout du rêve, c'est se croire héros de western et incarner la perfection humaine du personnage sensible et quelque peu fragile mais loyal, fier, courageux et, en bout de compte, invincible. Pas surprenant que les petits garçons souhaitent devenir cow-boy ou pompier, ils expriment la définition même de l'héroïsme.

Le western est une invitation à quitter un instant la monotonie de l'existence pour faire l'expérience du sacré. C'est pénétrer le panthéon pour participer aux combats des divinités. Mais contrairement aux invitations antérieures, qui étaient réservées aux chevaliers du roi et aux croisés bénis par l'Église, l'accès au sacré devient, en terre d'Amérique, accessible à tous. Dans ce Nouveau Monde qui invente le western, il y a comme une rédemption des gens ordinaires qui peuvent, pour une fois, jouer les héros et passer à la légende.

Le western est un produit de la démocratisation des mœurs. En même temps, la popularité du western rappelle celle de la boxe. Au moment où l'empire britannique atteignait son apogée et que ses gentlemen vivaient dans le confort d'une richesse nouvelle et considérable, ils inventèrent la boxe moderne, ce jeu si simple où deux individus rivalisent à coups de poings en plein visage. Comme si ces gentlemen avaient craint que le sommet de la civilisation leur fasse perdre de vue l'élémentaire et l'essentiel. De la même manière, ces Européens devenus Américains inventèrent mieux, la brutalité simple du western.

Se croire un instant cow-boy, c'est aussi lutter contre la réduction inévitable que nous impose l'existence. À Tokyo comme à Milan, partout, la vie ordinaire, trop courte et forcément limitée, nous confine à certains rôles particuliers que chaque citoyen honnête qui s'applique à bien vivre remplira au mieux de ses compétences. Mais nul ne l'empêchera d'entretenir le sentiment que cette petite vie qui est la sienne n'épuise pas totalement ses aptitudes et son potentiel. Pour conserver la bonne humeur dans un monde inévitablement trop étroit, il est sain de se convaincre que nous demeurons encore capables de dépassement. Se dire, par exemple, que si nous étions commis de banque et que des bandits s'y présentaient, nous pourrions les descendre un par un avec la même adresse et la même élégance que Jack Palance ou Robert Mitchum. Et si on ne l'a jamais fait, ce n'est que parce que l'occasion ne s'est pas présentée.

Nous en serions capables. Voilà qui est rassurant. L'héroïsme exemplaire du western est à la portée de tout le monde. Bien que notre travail quotidien exige surtout de la persévérance, de la discipline et de la résignation, nous pouvons également faire preuve d'audace et de bravoure. Peu importe que nous soyons maigrichon, peu doué pour le maniement des armes, préposé à la billetterie d'un parc d'attractions et pressé d'entrer à la maison pour y voir un bon film, de préférence un western.

D'ailleurs, l'expression « être pas mal cow-boy » dit bien qu'il s'agit d'un individu un peu casse-cou, téméraire et brusque. Or, c'est là notre prédisposition naturelle. Nous traversons la vie en prenant gare de ne jamais laisser libre cours à cet instinct premier. Nous avons bien appris qu'il est préférable de rester poli, de se montrer délicat, d'être propre et de ne jamais faire de mal à une mouche. Le modèle du cow-boy sert de soupape.

Le mythe grandiose et très américain

Dans un monde qui paraît souvent gris et incertain, le western dissipe le brouillard en offrant des images claires. Le drame épique joué par des personnages parfaitement intelligibles réussit chaque fois à convaincre. C'est un conte fabuleux formé d'une suite d'enchaînements rigoureux, mais l'amateur y met du sien et tout indique qu'il veut y croire à tout prix. À la manière d'un grand rituel, comme s'il s'agissait d'une cérémonie rassemblant des fidèles qui en retirent une sorte de paix intérieure. Comme si la performance particulière importait moins que le plaisir de se retrouver ensemble dans un monde bien ordonné. Voilà pourquoi la qualité de l'œuvre devient un critère presque secondaire et qu'il faut qu'un western soit exceptionnellement pourri pour être déclaré inacceptable.

On ne devrait jamais sous-estimer l'immense pouvoir de séduction de l'interprétation sans nuance. Le monde réel reste infiniment complexe, l'histoire s'alourdit avec le temps et le citoyen moderne a le sentiment d'être bombardé d'informations incohérentes. Il devient chaque jour plus difficile d'y voir clair et plusieurs

***How the West Was Won*, 1962**

James Stewart porte ici l'habit typique des hommes de la Frontière. Il est fait de peau de daim et est orné de franges.

HOW THE WEST WAS WON, ÉTATS-UNIS, 1962, RÉALISATEURS : HENRY HATHAWAY, JOHN FORD, GEORGE MARSHALL • COLLECTION CINÉMATHÈQUE QUÉBÉCOISE, Nº 1994.4160.PH

électeurs apprécient d'être rassurés par le politicien qui leur parle comme un cow-boy et leur dit que, dans le fond, tout s'explique lorsqu'on comprend que le monde se divise en Bons qui sont avec nous et en Méchants qui sont contre nous. Le modèle est si pur et si parfait qu'il peut servir aux discours sur la politique extérieure, l'état de la nation ou la guerre au terrorisme. Tout cela sur le ton du dogme religieux qui donne sens à la vie en éliminant toute hésitation entre l'ange et le démon, entre le paradis et l'enfer, entre le salut et la perdition. Sur le même ton, il est agréable de se convaincre que les principes moraux et la noblesse conservent encore leur attrait et leur force dans un monde corrompu par l'utilitarisme vulgaire.

Bien sûr, le récit western est incroyable, mais combien il est bon de suspendre volontairement et en pleine connaissance de cause toute méfiance devant l'incrédulité et de quitter, ne serait-ce qu'un instant, l'univers de nos incertitudes coutumières.

Le western possède la qualité des grandes œuvres d'art, celles qui traversent les siècles pour être chaque fois, génération après génération, fraîchement réinterprétées et chargées de sens nouveau. Le western promet de durer indéfiniment parce qu'il est facilement compris et qu'il se soumet volontiers à l'humeur du temps ; on peut y lire précisément ce que l'on aime entendre. Le western et le country peuvent être qualifiés de réactionnaires, fascistes, progressistes, contestataires, hors du commun et tout le reste. Ce n'est pas que tout soit relatif, c'est qu'ils s'y prêtent admirablement.

***Country Lise*, Elie Tremblay, 1995**

La région du Saguenay–Lac-Saint-Jean a son festival du cow-boy et, depuis quelques années, cette sculpture monumentale pour le moins originale annonce pour un bar. *Country Lise* a été conçue et réalisée par Elie Tremblay alors qu'il était propriétaire du Country Bar Lise. Le bar Chez Rocker l'a remplacé depuis. Il affiche à son tour la *cow-girl* à fière allure.

FIBRE DE VERRE PEINTE • 9,72 M • SAINT-HENRI-DE-TAILLON, SAGUENAY–LAC-SAINT-JEAN • COLL. YVAN PATRY • PHOTO : MICHEL BONNEAU, MINISTÈRE DE LA CULTURE ET DES COMMUNICATIONS

Par exemple, le mythe du western est né au sein d'une société américaine en pleine construction qui se cherchait des récits d'importance « nationale ». En l'absence d'une homogénéité culturelle et parce que les U.S.A. carburent au mythe plutôt qu'à l'histoire, on pourrait presque conclure qu'il était prévisible que la société américaine invente le western. Alors qu'à l'ouest la frontière ne pouvait être repoussée au-delà de la Californie, alors que les Indiens avaient été sauvagement vaincus et réduits, alors que les cow-boys vieillissants étaient remplacés par de jeunes entrepreneurs, tandis qu'à l'est, New York était aux prises avec de sérieux problèmes de chômage et une importante crise du logement causée par une forte explosion démographique dans une ville corrompue et largement contrôlée par la mafia, l'Amérique inventa le beau rêve de l'Ouest sauvage, libre et généreux. Et cela, dans l'espoir de réaffirmer haut et fort les valeurs morales qui semblaient s'effriter dangereusement dans le pays. C'est donc à l'ouest qu'allait s'accomplir le beau rêve de la Déclaration d'indépendance, et c'est là que pourraient mieux s'affirmer les valeurs fondamentales que l'on souhaitait pour la nation : individualisme, débrouillardise, virilité, compétition, violence bien tempérée, sacrifice de soi, suprématie blanche et patriotisme.

L'Ouest allait résumer l'Amérique. Et la notion de Frontière, transformée en quête permanente, appartiendrait désormais à la définition du nationalisme américain. Dans un tel contexte, l'espace n'est jamais clos. Si l'on pouvait autrefois se réfugier au Colorado, au Mexique ou au Canada, demain ce sera probablement au fond des mers ou dans l'espace. L'Ouest représente moins un territoire qu'un défi. Et l'un des principaux mythes fondateurs des États-Unis prétend que c'est précisément là, à la Frontière, qu'eut lieu cette rencontre historique entre la civilisation et la sauvagerie qui donna naissance à la nation américaine, distincte et originale. À la sortie du bain de sang de la guerre civile, la nation avait grand besoin de consolation.

Qu'il s'agisse d'un énorme mensonge et que l'Amérique s'invente à bon compte un passé héroïque en niant les massacres, les métissages, le rôle des femmes, des Espagnols, des Noirs ou des Chinois dans la conquête de l'Ouest, reste que ce genre de mythification nationaliste se retrouve également dans bien d'autres pays. Cela n'explique pas comment et pourquoi ce mythe local, inventé à une époque et par une société bien particulières, s'est presque immédiatement transformé en stéréotype dont la popularité planétaire transcende toutes les barrières culturelles.

On peut comprendre qu'aux yeux de la « vieille Europe », pour qui la liberté était toujours à l'ouest, le western avait tout le charme d'une jeunesse historique retrouvée. Dans une Europe qui donnait des signes de fatigue et qui ne savait plus comment mettre un terme à ses guerres tribales, on comprend l'attrait de réinventer un monde nouveau dans un paysage de rêve où les êtres sont francs et directs. Il s'agit d'une véritable promesse de rachat : un saut en arrière dans l'histoire avec l'espoir de renaître et de tout recommencer.

D'autre part, les cyniques peuvent également apprécier le charme de ces parcs d'amusement western fortement inspirés par Disney et dans lesquels une Amérique naïve et confiante crie à la face de la planète entière : « Aimez-nous, car nous sommes gentils et tellement bons. » Mais ce n'est pas tout, car nombreux sont les ennemis de l'Amérique et, malgré cela, le monde entier aime le western. Il doit bien avoir d'autres mérites.

Le Soldat Lebrun, Gérald Mailloux, 1981

Gérald Mailloux, sculpteur d'art populaire et lui-même musicien à ses heures, exprime par son art sa vive appréciation du Soldat Lebrun.

BOIS PEINT (SCULPTÉ À LA MAIN) • 45,5 CM X 24,2 CM X 12,6 CM • COLLECTION PIERRE MOUSSARD • PHOTO : ROBERT MAILLOUX, *LA PRESSE*

Le mythe universel des paradoxes inévitables

Le western a longtemps entretenu un fascinant paradoxe qui enferme son héros dans un dilemme permanent, source de son hésitation, et qui, souvent, le rend sympathique. Il s'agit de l'opposition entre, d'une part, l'idée grandiose d'un territoire vierge à envahir et d'une sauvagerie indienne à civiliser et, d'autre part, le rêve d'une liberté totale, celui d'une Nature inépuisable et la fascination pour l'univers exotique des Amérindiens. D'un côté, la volonté d'établir à la Frontière un régime fondé sur la loi et l'ordre ; en d'autres mots, vaincre les Indiens et l'anarchie des hors-la-loi pour enfin conquérir et civiliser l'Ouest. Et de l'autre, la tentation permanente de quitter cette civilisation pour se joindre à une société amérindienne idyllique, plus libre, plus chaleureuse et plus « naturelle », mais aujourd'hui menacée par la conquête de l'Ouest. Ces deux propositions contradictoires ont toujours paru, l'une et l'autre, séduisantes. La première appartient aux Américains, qui ont reproduit l'étoile rassurante du shérif cinquante fois sur leur drapeau. Et c'est plutôt la seconde leçon que le reste du monde semble avoir retenue.

Plus de la moitié de la population mondiale habite désormais en ville. Selon la prospérité du pays, cela se traduit par une coquette maison de banlieue, un appartement urbain parmi tant d'autres ou un taudis au cœur d'un bidonville. Quel que soit le cas, le citoyen ordinaire peut facilement se laisser entraîner dans ce grand rêve de liberté où le cow-boy monte son cheval pour se diriger vers le couchant. Il entretient l'espoir d'arriver un jour, comme lui, à quitter simplement ses obligations sans remords ni attachement durable. Vivre avec pour seul devoir la bravoure absolue. Le rêve d'un monde excentrique loin des misères banales de l'ordinaire et où la fortune et l'amour se jouent aux cartes. Pouvoir participer, au moins une fois dans sa vie, à l'esprit de la conquête et découvrir enfin une terre où les contradictions bien connues de la vie courante trouvent, sans faute, une solution. À cent lieues des contrôles mesquins de la vie moderne prévue et contrôlée par les bureaucrates, un monde où le citoyen peut se faire justice lui-même et où cette justice a le grand mérite d'être immédiate.

Le mythe suggère tout le plaisir d'échapper à l'ordre établi. La mobilité physique du cow-boy s'accorde bien avec la mobilité physique, sociale, mentale et morale dont rêvent ses amateurs. Le cow-boy fait son chemin par lui-même, on lui accorde même le droit de racheter un passé douteux. Faire l'éloge de la fluidité et de la mobilité, c'est appuyer l'idéologie du *self made man,* mais c'est aussi contredire la mise en garde des autorités civiles et religieuses qui ont toujours lutté contre la séduction des modes de vie étrangers. Contre cet attrait sournois qui pouvait encourager dans l'esprit du citoyen moyen une puissante envie d'aller refaire sa vie ailleurs, dans le bois, chez les Indiens, en Amazonie, n'importe où, pourvu que ce soit loin des habitudes routinières et des contraintes de ce qu'on appelle le monde civilisé. Aux yeux des autorités, le rêve de ceux qui cherchent à se rapprocher de la Nature et qui les pousse à quitter la civilisation et l'ordre établi ne peut que mener au laxisme, à la décadence et à l'anarchie. Le western est donc accusé de faire l'éloge de personnages qui sont, de fait, de dangereux subversifs et de célébrer un milieu de vie qui n'est qu'un refuge de marginaux grossiers et très portés sur la rudesse et la brutalité. Les gens cultivés n'ont jamais apprécié l'Ouest peuplé de brutes, ni le western simpliste et encore moins le country vulgaire.

Les autorités traditionnelles ont toujours voulu démoniser l'au-delà de la frontière de la civilisation. Il n'y avait là que monstres, abîmes, désert et mort certaine. Le western prétend au contraire qu'au-delà de la Frontière, on pourrait enfin trouver la liberté.

En somme, il s'agit d'une question fondamentale. Comment imaginer une société libre ? Que verrait-on s'il était permis de revenir en arrière pour revivre la création des structures élémentaires de la société ? Si l'on retournait à la matrice pour assister à la signature du premier contrat social ? L'Ouest peut être compris comme une promesse de libération, de renouveau spirituel ou de fondamentalisme politique, mais aussi comme celle d'un retour à l'origine du monde : la lutte de l'être humain contre la Nature cruelle, l'espoir de survivre et le grand jeu des seuls sentiments et gestes vraiment essentiels de la vie. Tout cela pour découvrir, à la fin, qu'il y a une morale à cette histoire et que, hormis quelques bandits, tous les humains partagent les mêmes valeurs fondamentales et pourraient donc vivre ensemble et collaborer sans police ni armée. Le bon ordre règne et la société humaine est viable, même dans l'Ouest, là où l'on ne peut jamais composer le 9-1-1 et où chacun est armé.

Encore faut-il que le modèle soit crédible. Le country s'en assure en répétant que la vie est simple, tandis que le western affirme que l'être humain est fondamentalement bon. Exactement ce que l'on voulait entendre. Et le western sait de quoi il parle, puisqu'il nous a montré qu'à l'état pur, cet homme libre, sans surveillance et

***Ezra Meeker as Frontiersman,* vers 1910**

Ezra Meeker (1830-?) se présente, avec la fierté des pionniers de l'Ouest américain, comme un *Frontiersman*. Il énonce sur sa carte postale qu'il a passé cinq ans à chercher et à redécouvrir la piste de l'Oregon. Pionnier parmi d'autres, Meeker a émigré en Oregon en 1852. Il aurait 80 ans au moment de la photo.

CARTE POSTALE • EZRA MEEKER, SEATTLE, WASHINGTON • ARCHIVES NATIONALES DU QUÉBEC À QUÉBEC, Nº P547, S2, SS1, D13

25. Ezra Meeker as Frontiersman.

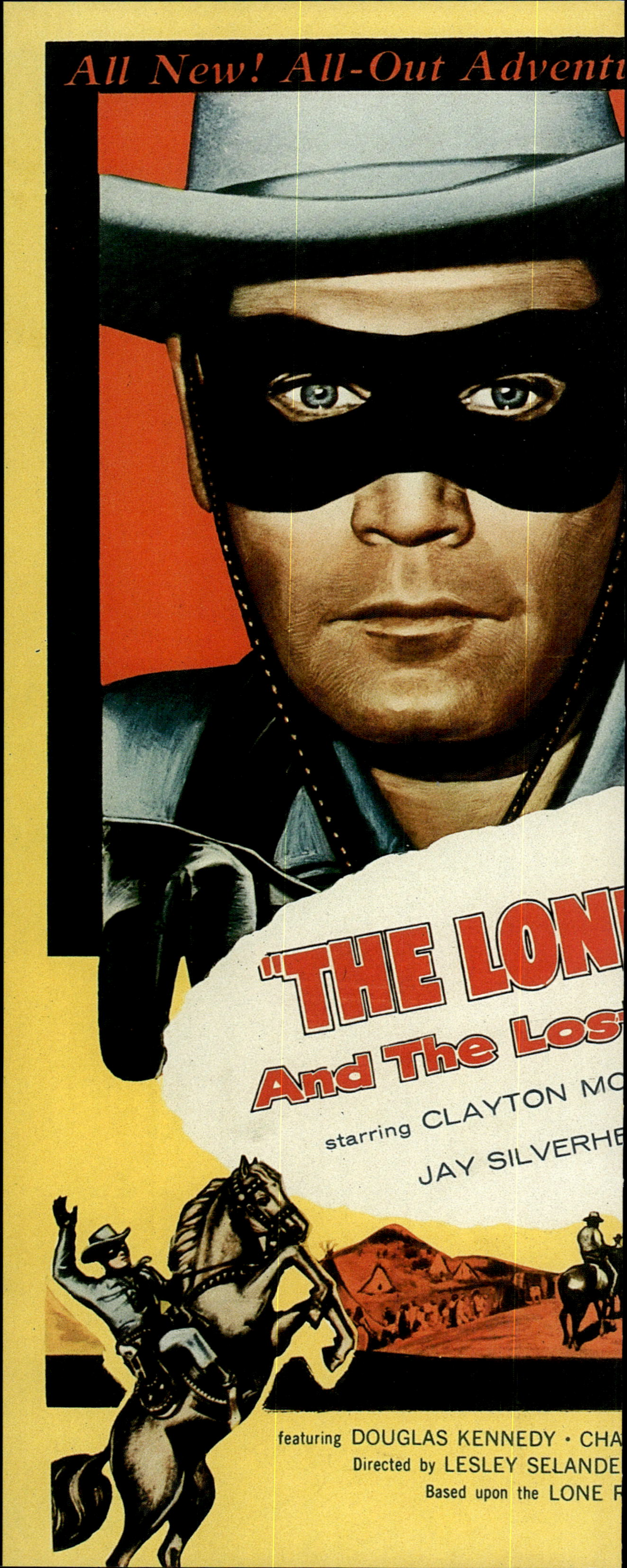

***Le justicier masqué,* 1958**

AFFICHE • 55,9 X 71,3 CM • *THE LONE RANGER AND THE LOST CITY OF GOLD*, ÉTATS-UNIS, 1958, RÉALISATEUR : LESLEY SELANDER • CINÉMATHÈQUE QUÉBÉCOISE, Nº 1988.6175. AF

THE LONE RANGER
UNMASKS THE WEST'S
MOST FABULOUS
TREASURE!
APPROUVE
ANGER
y Of Gold"
THE LONE RANGER
TONTO
A fabled
city of gold!
A thousand guns
hunted for it...
A thousand arrows
protected it...
but only the
masked rider
could blast
its secret
wide
open!
COLOR BY EASTMAN COLOR
with NOREEN NASH · LISA MONTELL · RALPH MOODY · NORMAN FREDRIC
SHERMAN A. HARRIS · Written by ROBERT SCHAEFER and ERIC FREIWALD
END · A JACK WRATHER Production · Released thru UNITED UA ARTISTS

armé jusqu'aux dents fait la preuve de sa préférence naturelle à combattre le mal, l'injustice et le malheur. L'homme est bon. Ne vous inquiétez pas.

C'est ainsi que cette exploration moderne du modèle de l'utopie anarchiste réussit à séduire. Elle a ce qu'il faut pour plaire tant à l'extrême droite qu'à l'extrême gauche, et c'est justement là le génie de l'œuvre. Le cow-boy est une brute, un individu préhistorique qui précède l'arrivée de la civilisation, mais également un homme libre qui défend au risque de sa vie les principes fondamentaux de la justice humaine.

Il faudrait ajouter, brièvement, que cette expression de liberté inclut également le plaisir de sombrer sans réserve dans le mauvais goût de la mode country. Le privilège d'affirmer son indépendance en échappant aux diktats de la bonne société bien éduquée en se complaisant dans cette mode tant décriée par tous les apôtres du beau et du convenable.

Notons enfin l'apparente contradiction entre le country, qui fait la promotion d'une moralité élémentaire couramment associée au fondamentalisme chrétien, et le western, qui inverse les principales valeurs du christianisme. Pas question ici d'aimer son prochain ou de tendre l'autre joue, le western, qui n'aime ni les faibles ni les miséreux, renoue avec l'Ancien Testament et la vieille tradition juive de la vengeance, de l'« œil pour œil, dent pour dent ». Le héros tue le Méchant après avoir beaucoup souffert, mais il ne finit jamais sur la croix.

Clark Gable

Grande vedette du cinéma américain, Clark Gable incarne dans certains de ses films des personnages légendaires de l'Ouest. Dans *Across the Wide Missouri,* une histoire qui se déroule vers 1830, il joue le rôle d'un trappeur qui tombe amoureux d'une Amérindienne de la nation des Nez-Percés. Ce film de 1951 dresse un portrait des Indiens plus clément que ne l'ont fait la plupart des westerns.

CARTE POSTALE • METRO GOLDWYN MAYER, ÉDITIONS P. I., PARIS, 1954 • ARCHIVES NATIONALES DU QUÉBEC À QUÉBEC, Nº P547, S2, SS1, D13

Mort ou vif, seul ou avec d'autres

L'ultime paradoxe à la fois réunit et oppose le western et le country. L'un sert de miroir à l'autre mais lui renvoie son image inversée. L'homme du western est un personnage dramatique, un taciturne solitaire, un être renfermé dont l'âme demeurera à jamais insondable. Au contraire, l'homme du country communique volontiers et nous raconte tous les détails de ses amours, de ses peines et de ses déceptions. Il se montre franchement capable de rire et de pleurer. Il chante et nous ouvre son cœur, on peut l'approcher comme un livre ouvert. Autant le héros du western est solitaire, réservé et silencieux, autant l'univers du country est convivial et chaleureux. Le duel du western se joue entre le Bon et les Méchants, qui sont des personnages d'exception ; la musique country et les danses en ligne ou carrées impliquent nécessairement une foule.

Le western et le country résument deux rêves légitimes, contradictoires et complémentaires. Celui de vivre heureux en société en réussissant à se faire beaucoup d'amis, parce qu'on sait les atteindre en utilisant des mots simples à la portée de tous et qui permettent de communiquer le plus directement du monde. Ou plutôt, au contraire, la conviction que chacun de nous restera à jamais un éternel solitaire incompris au sein de sa société. Parce que l'individu, comme le héros du western, reste inévitablement seul en attendant cette mort qui sera sa tragédie personnelle mais qui restera largement insignifiante pour la plupart des autres, puisqu'elle laissera le monde tel qu'il est.

Les humains n'ont jamais vraiment réussi à résister à ces rêves excessifs et contradictoires. Selon l'humeur du moment, l'un ou l'autre paraîtra triste ou déplorable, ce qui souvent incite à trouver refuge dans son contraire. La difficulté d'affronter le monde seul, comme dans le western, peut être oubliée dans la chaleur humaine et la convivialité de l'univers country. En retour, quand la société se fait lourde, oppressante ou hypocrite, quand elle devient contrainte ou limite à la réalisation de soi, chacun peut s'évader hors du social dans cet univers fantastique de l'Ouest où l'individu reste maître.

Le dilemme est insoluble mais dans le western et le country, le contraste entre la réserve totale de l'individu solitaire et la vie active en bonne compagnie est présenté comme manifestement inscrit au fond du cœur ou de l'âme. Les deux réponses seraient donc en chacun de nous qui devons faire le choix. La société n'a jamais imposé au héros de se montrer brave et téméraire, et la société bien-pensante a toujours méprisé le country. Il s'agit de tendances qui appartiennent aux profondeurs de la nature humaine et qui témoignent de sentiments qui ne peuvent être commandés et qui n'ont nul besoin d'être appris. Nous sommes donc naturellement comme ça, nous, les humains. Fondamentalement individualistes et durs, fondamentalement doux et sociables. Et tant pis pour la contradiction permanente, nous serons, toute la vie, cow-boy dans l'âme.

Alias Will James, **1988**

Ernest Dufault, alias Will James, ce cow-boy originaire de Saint-Léonard (Québec), a si bien su s'intégrer au mythe du Far West qu'il a fait l'objet d'un documentaire retraçant sa quête de l'Ouest ainsi que sa fascination pour le métier de cow-boy. Le film présente également les témoignages de jeunes cowboys d'aujourd'hui qui ont suivi les traces de ce Québécois légendaire.

AFFICHE • 622 X 458 CM • AFFICHISTE : PIERRE DURAND • *ALIAS WILL JAMES,* MONTRÉAL, 1988 • DOCUMENTAIRE DE JACQUES GODBOUT, OFFICE NATIONAL DU FILM DU CANADA • COLLECTION DU MUSÉE DE LA CIVILISATION, Nº NAC 89-2764 • PHOTO : JACQUES LESSARD

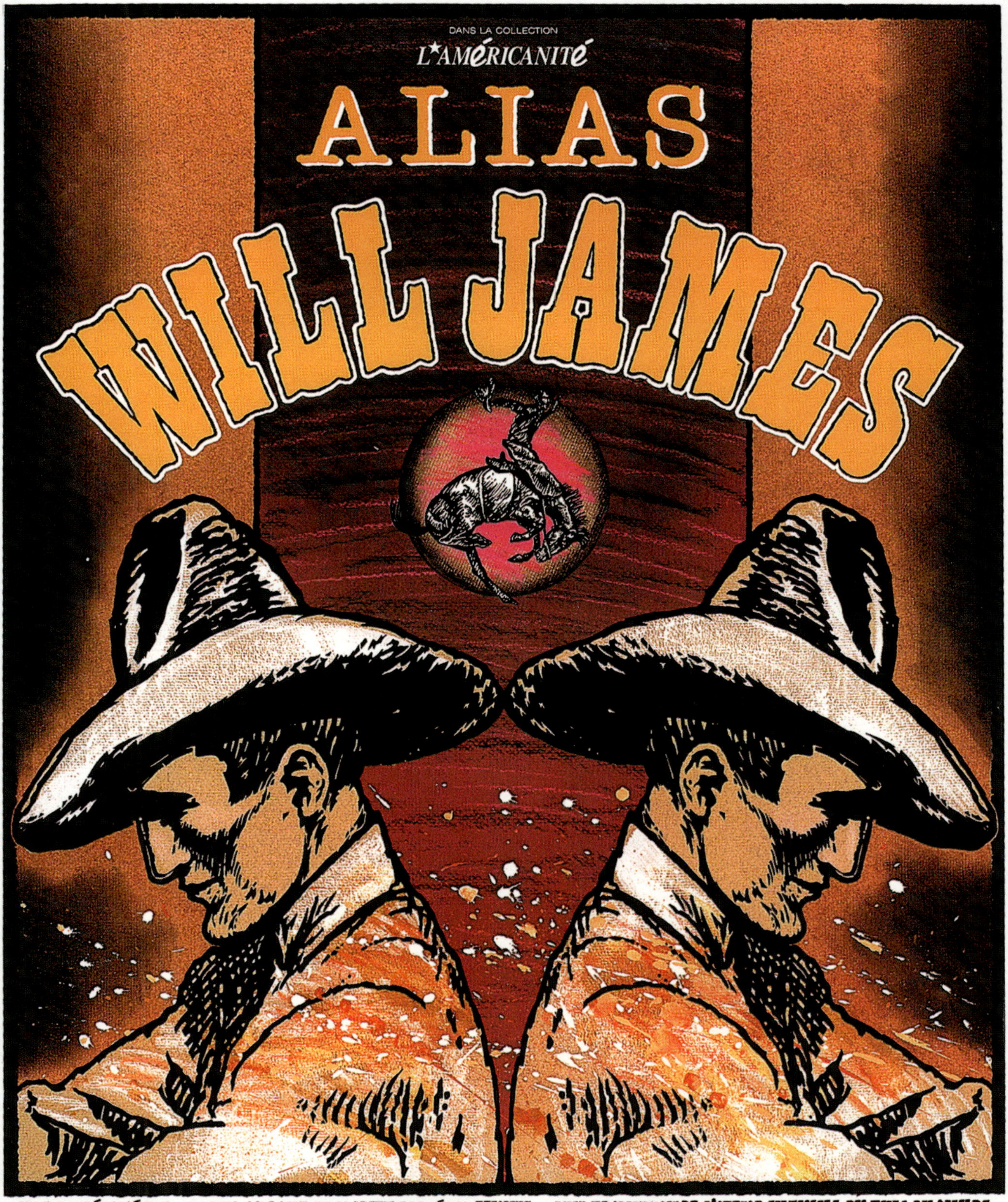

UN FILM RÉALISÉ PAR JACQUES GODBOUT ET PRODUIT PAR ÉRIC MICHEL • UNE PRODUCTION DE L'OFFICE NATIONAL DU FILM DU CANADA

Office national du film du Canada
National Film Board of Canada

Mariage western, 1997

Le mariage western constitue certainement l'un des événements les plus attendus du Festival Western de St-Tite. Pour cette occasion, l'église accorde même une permission spéciale : le port du chapeau est autorisé pendant la cérémonie ! L'esprit country teinte également l'événement : à la fin de la cérémonie, les gens entonnent l'hymne national country « Quand le soleil dit bonjour aux montagnes... »

SYLVAIN BOURGEOIS ET TANIA DAUDELIN • FESTIVAL WESTERN DE ST-TITE • PHOTO : JOSHUA RADU

Deux cow-boys de rodéo, Festival western de St-Tite, 2001

PHOTO : JEAN VACHON

Cow-boy de rodéo, Festival western de St-Tite, 2001

PHOTO : JEAN VACHON

Cow-boys attendant leur tour, Festival western de St-Tite, 2001

PHOTO : JEAN VACHON

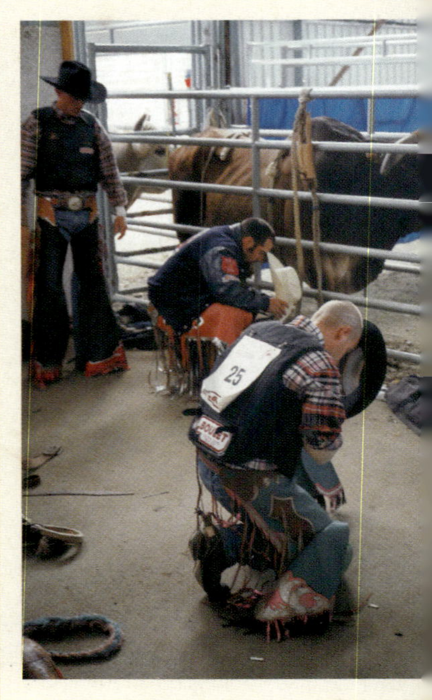

RANCH
BELISLE
COWGIRL AU
MAXIMUM

Deux musiciens country, Festival western de St-Tite, 2001
PHOTO : JEAN VACHON

Résidant de Saint-Tite devant sa demeure, Festival western de St-Tite, 2001

Pendant le festival, plusieurs résidants de l'endroit prennent part à la fête en décorant leur terrain dans l'esprit western. Un concours est même organisé pour récompenser le plus beau résultat.

PHOTO : JEAN VACHON

Une jeune fille et son cheval, Festival western de St-Tite, 2001
PHOTO : JEAN VACHON

Adeptes de la danse country de mère en fille, Festival western de St-Tite, 2001
PHOTO : JEAN VACHON

La prière du cow-boy avant l'épreuve, Festival western de St-Tite, 2001
PHOTO : JEAN VACHON

Deux adeptes de la culture western, Festival western de St-Tite, 2001
PHOTO : JEAN VACHON

Ville de Saint-Tite pendant le Festival western de St-Tite, 2001
PHOTO : FESTIVAL WESTERN DE ST-TITE

PAGES SUIVANTES :

Festival western de St-Tite
PHOTO : JOSHUA RADU

Mais, si rebelle que soit devenu notre esprit euclidien à la conception qualitative de l'espace, il ne dépend pas de nous que les grands phénomènes astronomiques ou même météorologiques n'affectent les régions d'un imperceptible mais indélébile coefficient ; que, pour tous les hommes, la direction est-ouest ne soit celle de l'accomplissement ; et pour l'habitant des régions tempérées de l'hémisphère boréal, que le nord ne soit le siège du froid et de la nuit ; le sud, celui de la chaleur et de la lumière.

LÉVI-STRAUSS
TRISTES TROPIQUES

BAILLARGEON, Richard et Christian CÔTÉ. *Destination Ragou. Une histoire de la musique populaire au Québec,* Montréal, Triptyque, 1991, 179 p. ill. avec cassette sonore.

BLETON, Paul et Richard SAINT-GERMAIN (dir.). *Les hauts et les bas de l'imaginaire western dans la culture médiatique,* Montréal, Triptyque, 1997, 240 p. ill.

CARON, Marc-André. *Le rôle joué par les Canadiens et les Métis dans le mythe américain de la conquête de l'Ouest : récit d'une dépossession géographique,* Mémoire de maîtrise, Université du Québec à Montréal, 1998, 89 p.

DAVIS, William C. *La conquête de l'Ouest. Indiens, pionniers, colons, cow-boys : leur véritable aventure,* traduction et adaptation de Philippe Sabath, Paris, Solar, 1993, 256 p. ill.

GIROUX, Robert. « Les deux pôles de la chanson québécoise : la chanson western et la chanson contre-culture », dans *La chanson prend ses airs,* Montréal, Triptyque, 1993, p. 115-130.

GIROUX, Robert, avec la collaboration de Constance HAVARD et Rock LA PALME. *Le guide de la chanson québécoise,* Paris, Syros/Alternatives et Montréal, Triptyque, 1991, 179 p.

HERZHAFT, Gérard. *La country music,* Paris, Presses universitaires de France, 1984, 127 p. Coll. « Que sais-je ? », nº 2134.

HUGHES, Robert. *American Visions. The Epic History of Art in America*, New York, Alfred A. Knopf, 1997, 635 p.

JACQUIN, Philippe et Daniel ROYOT (dir.). *Le mythe de l'Ouest. L'Ouest américain et les « valeurs » de la Frontière.* Paris, Éditions Autrement, Série Monde-HS, nº 71, octobre 1993, 215 p. ill.

JACQUIN, Philippe. *Le cow-boy. Un Américain entre le mythe et l'histoire,* Paris, Albin Michel, 1992, 248 p. ill.

LEROY, Hafen R. (ed.). *French Fur Traders and Voyageurs in the American West,* introduction par Janet Lecompte, Lincoln & London, University of Nebraska Press, 1997, 333 p.

MALONE, Bill. *Country Music U.S.A.,* Austin, University of Texas Press, 1968, 422 p. ill.

POMERLEAU, Jeanne. *Les chercheurs d'or. Des Canadiens français épris de richesse et d'aventure,* Sainte-Foy, Éditions J.-C. Dupont, 1996, 279 p. ill.

RIEUPEYROUT, Jean-Louis. *Histoire du Far West,* Paris, Tchou éditeur, 1967, 728 p. ill.

STEIN, Eric. *Living Right and Being Free. Country Music and Modern American Conservatism,* Mémoire de maîtrise, Université McGill, 1998, 132 p.

THÉRIEN, Robert et Isabelle D'AMOURS. *Dictionnaire de la musique populaire au Québec 1955-1992,* Québec, Institut québécois de recherche sur la culture, 1992, 580 p. ill.

TIME-LIFE BOOKS ed. *America's Wild West. A Pictorial Saga of our Frontier Heritage,* Alexandria, Virginia, Time-Life Books, 1993, 239 p. ill.

AUDIO-VISUEL

GODBOUT, Jacques. *Alias Will James,* Montréal, Office national du film du Canada, 1988.

TABLE DES MATIÈRES

CHAPITRE 4

CHAPITRE 5

CONCLUSION

La rencontre des chemins de fer de l'Ouest, 1869

Les chemins de fer de la Central Pacific et de l'Union Pacific se rejoignent après une course épique de six ans. Les deux chefs ingénieurs se serrent ici la main et célèbrent leur succès. La voie ferrée, devenue transcontinentale, permet enfin de traverser l'Ouest, d'Omaha à Sacramento. Un nouveau chapitre de l'épopée de l'Ouest est ainsi écrit.

PROMONTARY SUMMIT, UTAH • KANSAS STATE HISTORICAL SOCIETY

Lithographié sur papier Jenson Gloss 200 M
et achevé d'imprimer au Canada
sur les presses de l'imprimerie Interglobe Inc.